专业团队的管理

如何激励知识型员工

FIRST
AMONG
EQUALS

How to Manage a Group of Professionals

［美］ 帕特里克·麦克纳（Patrick J. McKenna） 著
大卫·梅斯特（David H. Maister）

［澳］ 吴卫军 译
韩健 高羽

机械工业出版社
CHINA MACHINE PRESS

这是一本为专业团队领导者提供的实践教程。其核心内容可以概述为，领导者如何处理好和团队成员之间的关系——高度关注团队中的每一个成员，在公开场合应正面激励，对过错的纠正应于限定的小范围内进行。

当我在这本书的字里行间行走时，脑海中陡然浮现出湖南前辈同乡曾国藩的治国、治军和治家名言：扬善于公庭，而规过于私室。古往今来，东方西域，凡带领团队成就大业者，究其底层逻辑，无不全然一致。这令人惊讶不已，又觉理所当然。

陈彩虹
中南财经政法大学特聘教授、博士生导师

这本书作为专业服务机构管理领域的经典著作，其专业价值已经被业界证明和认同。重读这本书，我发现它除了对专业人士的管理具有显著价值之外，实际上对那些需要面对受过良好教育的、网络时代成长起来的年轻一代的管理者，同样具有独特价值，因为过去的专业人士所具有的专业能力强、注重个性、不容易团队合作等特质，在现在的年轻一代身上同样逐渐显现。如何当好这些独具个性的年轻一代的管理者，显然颇具挑战，而此书可以提供许多独具价值的启发和借鉴。

巴曙松　教授
北京大学汇丰金融研究院执行院长
中国宏观经济学会副会长
中国银行业协会首席经济学家

专业团队的成员可以有数人、数十人，也可成百上千，专业团队的规模可大可小，人数可多可少，层级可繁可简，但是，其管理的底层逻辑和实务难度一脉相承，不论大小、多少、繁简，考验的都是专业团队主管（领导者）的能力和智慧。说到底，专业团队管理是一种管理能力，更是一门管理艺术。

专业团队管理的难度，在于其管理对象的专业特征所带来的个性与共性不平衡的挑战，没有一个放之四海而皆准的基本公式可以套用并解决问题。应对这一挑战，需要建立一种纽带，基于一种信任，形成一种良性激励；需要领导者的用心倾听与共鸣，营造团队成员间互有安全感的积极氛围。这本书恰到好处地提供了有效而便捷的应用方法和工具。我们根据书中的建议首先去做（first do it），并且正确地做（then do it right），就一定可以做得更好（then do it better）。这正是这本书的价值。

吕明方

中国医疗健康产业投资 50 人论坛（H50）创始主席

方源资本（亚洲）有限公司合伙人

上海医药集团原董事长

专业团队较一般团队更需要协同，专业人士却又较一般员工更不情愿接受管理。专业团队管理因此而富于挑战。这本书为令人"挠头"的专业团队管理提供了系统的思想和有效方法。它不仅构建了一套完善的理论框架，还融入了对众多实践案例的深度分析，使得读者能够深刻理解理论与实践的结合，真正做到知行合一。

陆正飞

北京大学光华管理学院教授

作为曾经的咨询师，我深刻领悟到在专业服务组织中，只有先在自身专业领域做到同辈中的翘楚，才有可能成为团队的领头人。同时在专业能力之外，个体需要在与人交往方面系统地培养社交和情绪管理的能力。这本书重点讨论的技能范围是"倾听、共情、理解和影响他人，以及与他人合作完成任务"，对领导专业团队乃至任何团队而言，这都是提升团队效能的关键。

当然，管理专业团队尤其是领导年轻一代有其独特的挑战。我们也可时常提醒自己：长江后浪推前浪，新生代专业人士广博的眼界见识、对技术融会贯通的能力，以及对现行做法的挑战，都是难能可贵的。欣赏并支持他们成为超越我们的下一代领袖，是作为专业团队领头人的重要意义，也将为我们带来更深层次的满足感。这本实用的工具书，适合领导者在面对领导专业团队的挑战时反复翻阅和温习，相信它能够帮助读者在领导之路上积跬步以至千里。

邵晓琼

百特医疗药品部全球运营战略总监

在当今复杂多变的商业世界中，卓越的团队管理已成为企业成功的核心。在过去，对于杰出领导者的评价标准或许是个人能力的强弱，即他们能否创造奇迹；在今天，杰出领导者是那些能激发团队潜力、引导大家共同创造奇迹的人。帕特里克·麦克纳与大卫·梅斯特共同创作的这部作品，不仅深入解析了激发团队潜能与达成战略目标的方法，而且通过融合生动案例和实用指导，使其成为一部实用宝典。我经常翻阅，常看常新。

大道不孤，众行致远。阅读这本书是一次领悟，一次认识到通过共同的努力，专业人士能够实现彼此之间更深层次的联结和成长的旅程。

希望每一位读者都能从中获得启发，以新的视角面对新的挑战，不断激发每个人的无限可能。

蒋颖

德勤中国主席

大众媒体

这本书之所以吸引人，很大程度上源于作者对专业人士抵触被管理的深刻理解。

《出版家周刊》

这是一本非常实用的指南，书中有数十份自我评估问卷和诊断性测试，专门针对团队管理这个非常关键却又常被忽视的话题。

亚马逊网站

对每一个受命领导一个团队的人来说，这本书都是必读佳作。

《西南航空精神》杂志

商业媒体

这本书关注的是如何管理那些不愿意被管理的人。

《财富》杂志

这部作品是及时的、易于阅读的，里面充满了行动计划和实例。

《哈佛商学院实战新知》杂志

对刚刚获得任命的管理者而言，这本书是出色的工作手册；对许多已在管理岗位的人而言，这本书是不错的温故知新的资料。

《环球邮报》旗下《商业报道》杂志

这本书保证是本年度春季管理类最佳畅销图书！

《加拿大经理人杂志》

没有什么比一本能实实在在地教会你如何领导团队的领导力图书更棒的了。相信这本书会长期占据你的书架，并且被你翻到书角皱起。

CEO Read.com

当你读完这本书，深入领会了作者传达的知识内涵时，你会认同这本书在同类作品中独树一帜。

weLEAD 在线杂志

作者对团队管理有着深刻透彻的认识。

TheBusinessSource.com

这本书见地深刻，为我们提供了组建团队、管理团队，以及激励团队勇攀高峰的实践战略！

Suite101.com

如果你认真阅读并将这本书的理念付诸实践，你将位列全球经理人的前 5%。

ManagementLearning.com

这本书涵盖了我们所能想象到的最棘手的管理挑战。

LeadersGuild.com

这本书涉猎广泛，引人深思。

《**萨克拉门托商业杂志**》

强烈推荐即将担任领导角色的人阅读这本书。

Trendscope.net

大量自我评估问卷和诊断性测试，让这本书成为特别出色的实用型操作手册。

RecognizeServiceExcellence.com

与众多只讲理论不讲实践的商业书不同，这本书原原本本地告诉你如何成为卓越的团队领导者。

StatelineBusiness.com

作者将自己多年的优秀管理经验写作成书，帮助他人变成更好的领导者。

TrustedProfessional.com

这本书将是你经常翻阅的实用指南。

《**加拿大商业女性**》杂志

人力资源媒体

务实、可操作、及时、有趣。

《**培训**》杂志

我们鲜少推荐特定的图书，但偶尔我们确实会读到一本我们认为是不容错过的书。

HR-info.com

管理专业人士并不容易，这本书很出色地解决了这个问题。

TeamBuildingInc.com

法律界媒体

这样说可能太老套，但对每一个渴望有效管理的团队领导者来说，这本书都应该成为必读之作。

《法律实践管理》杂志

太多管理学教材存在语焉不详、词不达意、矫揉造作的毛病，这本书则完全不同。

英国《简要》杂志

专业团队的领导者们会蜂拥而至，踊跃购买此书。

《法律专家》杂志

书中包含大量实用的建议和清单。

纽约州律师协会《执业管理顾问》

或许这是第一本关于专业人士管理的书，而且无疑是最好的一本。

《律师事务所合伙制与福利报告》

我们强烈推荐大家阅读这本由帕特里克·麦克纳与大卫·梅斯特合著的优秀图书。

《律师事务所管理与行政报告》

作者在这本综合指导手册中论述了各种问题，都是那些商学院不会（但应该）教给你的事情。

《休斯敦律师》杂志

用简短的篇幅打造团队管理全流程手册看起来挺难的，但对这本书的两位作者而言却轻而易举。

《新泽西律师》杂志

这本书提供了大量关于如何成为高效团队领导者的有用建议。

《威斯康星律师》杂志

这本书一定会让你思考，需要采取哪些步骤，才能将一群专业人士变成一个运转良好的团队。

《马萨诸塞州律师周刊》

学术界

这本书是一个重要贡献。书中的话题都很独特，且长久以来被许多地方所忽视。

迈阿密大学传播学院

会计媒体

将最有说服力的案例与管理界最为有效的指南结合起来，将概念具体运用到实际工作中。

《国家公共会计师》杂志

这本书提出了许多实用建议，从如何赢得下属的信任到如何组织会议并提升会议效果，再到如何应对大牌员工。

CAmagazine.com

这是一本实用指南。专业人士和领导者在提出想法和制订行动计划时，经常参阅此书。

AccountingWeb.com

这本书涵盖了专业团队管理方方面面的知识。

MarcusLetter.com

我首先想到的是，这本书在二十年前就应该出版了，当时我真的非常需要它。其次，不说二十年前，在现如今这样快节奏的环境中，管理者更加需要这本书。

《俄亥俄州注册会计师协会通讯》

这本书针对各种团队相关问题提供了出色的指导。

《会计师事务所管理与行政报告》

这本书既不是励志图书，也不是纸上鸡汤，它坚定而积极地阐述了如何管理团队，以及做好团队管理工作的价值。

《注册会计师》杂志

因为这本书强调领导力是一个建设性的过程，所以读者应当从第一页读到最后一页，而不是零零散散地读。

《宾夕法尼亚州注册会计师》杂志

市场营销媒体

你会希望自己认识的每一个管理者和团队领导者都能学习这本书。

《广告天才》

如果你没有严肃对待自己的领导者角色，那你大可不必费心打开这本书。但如果你愿意，这本书将为你提供丰富的学习内容。

《Quirk's 市场研究报告》

这本实用指南提供了许多被证明有效的策略，还有许多优秀的检查清单。

CorporateLogo.com

IT 媒体

首席信息官最好把这本书送给他们指定为团队领导者的 IT 员工。

《首席信息官》杂志

这本书的两位作者为管理者提供了一本指南，告诉他们如何提升自己的工作业绩，进而提升下属的业绩。

PurpleSquirrel.com

极力推荐这本书。把它放在手边，因为几乎每天都有用到这本书的时候。

Gantthead.com

用这本书来准确地了解如何将你的专业人士组织成团队。

《信息方略》

设计媒体

一本献给专业人士的日常领导力问题的实用指南。

《设计公司管理与行政报告》

帕特里克·麦克纳

前沿国际公司合伙人，自 1983 年以来，他一直专注于为全球各地的专业服务机构提供服务。帕特里克在加拿大管理学院获得 MBA 学位，是哈佛大学专业服务公司领导力项目的校友，他持有会计和管理领域的专业证书。

他是《拓展海外业务》（*Building Business Abroad*）一书的作者，并与他人共同撰写了《专业服务的业务发展：建立营销思维》（*Practice Development: Creating a Marketing Mindset*），后者被国际期刊誉为"专业服务营销者必备的十本书之一"。他出版的作品还包括《管理猫群：主管合伙人和专业服务业务领导者的手册》（*Herding Cats: A Handbook for Managing Partners and Practice Group Leaders*）（与人合著，1995 年）及《超越认知：激励你的专业服务团队的 16 个提问》（*Beyond Knowing: 16 Cage-Rattling Questions to Jump-Start Your Practice Team*）（与人合著，2000 年），这两本书都曾位列加拿大管理类十大畅销书榜单。

帕特里克服务的客户遍布十几个国家，这些国家中排名前十的律师事务所或会计师事务所中至少有一家是他的客户。

大卫·梅斯特

国际公认的专业服务机构管理权威，为世界各地广泛的专业服务机构提供应对各类战略及管理问题的咨询建议。

他是许多畅销书的作者，包括《专业服务公司的管理》（*Managing the Professional Service Firm*）（1993年）、《专业主义》（*True Professionalism*）（1997年）、《值得信赖的顾问》（*The Trusted Advisor*）（与人合著，2000年）和《言行一致》（*Practice What You Preach*）（2001年）。在他之前的学术生涯中，他也创作（或与人共同撰写）了七本著作，主题丰富多样，涉及卡车司机、航空公司的管理和工厂运作。本书是他的第十二本著作。

大卫出生于英国，在伯明翰大学、伦敦政治经济学院和哈佛商学院获得学位，并在哈佛商学院担任了七年教授。目前他居住在美国马萨诸塞州的波士顿。

吴卫军

德勤中国副主席。中国注册会计师协会、美国注册会计师协会、英国特许公认会计师公会和香港会计师公会资深会员。南京大学顾问教授，香港中文大学实践教授。著有《资本的眼睛》（代表作）和《走在会计发展和银行改革的前沿》。译有大卫·梅斯特代表作品《专业服务公司的管理》《值得信赖的顾问》《专业主义》。

韩健

德勤中国审计合伙人。中国注册会计师。专注于为银行和证券业客户提供审计和咨询服务，包括财务报表审计、内部控制改进、风险管理提升等方面，是中国会计准则及国际财务报告准则在金融行业应用方面的技术专家。

高羽

德勤中国金融服务业高级审计员。中国注册会计师。专注于为银行业金融机构客户提供审计和咨询服务。

如何管理专业团队

（一）

大卫·梅斯特在专业服务领域的管理思想与彼得·德鲁克的通用管理思想齐名。他与帕特里克·麦克纳在 2002 年共同创作了《专业团队的管理：如何激励知识型员工》(以下简称《专业团队的管理》) 一书。这本书被认为是关于团队领导力的经典之作，融合了大量经典案例和实用指导。作为大卫·梅斯特专业服务管理思想体系的重要组成部分，这本书的内容时至今日对专业团队的管理仍然具有深远影响和指导意义。

本书英文版名为 "First Among Equals: How to Manage a Group of Professionals"。其中，主标题 "First Among Equals" 来源于拉丁语 "primus inter pares"，意为一个同辈群体中最出类拔萃的人。团队领导者就应该是这样的人，他们在一群人中站在了队伍的前面，是领头羊，是领飞雁。正如梅斯特所说，团队领导者同时扮演着双重角色，既是"球员"，也是"教练"，这就要求他们具备优秀的综合素质和领导才能。他们不仅需要在个人工作中表现突出，为客户提供服务、创造效益，还需要疏导团队成员的情绪，唤醒团队成员的潜力，应对意想不到的冲突和危机。

当今时代，传统的层级式组织结构逐渐被更加扁平的矩阵式组织结构所取代，跨部门合作越来越普遍，也越来越成熟。传统的团队管理方式逐渐向适应性强、快速决策的方向转变，因此更加强调灵活的团队架构和横向沟通。在此背景下，如何领导团队更加有效地服务客户？专业人士如何更好地适应和引领专业服务机构的发展？

专业人士通常会接受系统性的训练，出于职业要求，他们更多地会展现出冷静客观、逻辑性强的一面。但实际上，他们也是有血有肉的人。他们的头脑不仅仅用来对复杂的商业问题发表专业意见，同样怀着深深的情感。正如梅斯特所说："释放团队成员的潜能，是让团队取得最佳绩效的方法，这不能通过管理或者领导的方式来实现，而是需要通过激励的方式来实现。"想要专业人士追随左右，专业服务机构的团队领导者需要的是一种本真领导力（authentic leadership），他们需要投入时间和精力与成员交流互动，尊重成员的感受，关注成员的情感变化，从而与成员建立有效的指导关系。

（二）

本书从四个维度出发，介绍了团队领导者如何创造价值。

1）做好准备。一支团队如果想要取得成功，团队领导者及团队成员需要评估团队目前的运作状况，对领导者的角色、责任、权利以及评价指标形成一致的认识并留下记录，建立共同的行为准则以及不可妥协的底线标准。

2）指导团队成员（个人层面）。团队领导者需要对团队成员进行指导、激励和提携，只有与每个成员建立起紧密的联系，才能处理好团队的事务。在这个过程中，团队领导者需要去发掘团队成员的梦想、愿望和期待，在团队必须把握的机遇和个人能力之间寻求适当的平衡。比如在第七章"管理要因人而异"中，作者根据心理学中"坚持自我"和"响应他人"这两个维度，划分了不同行为习惯模式的"风格矩阵"，团队领导者可以根据每种风格的特点来确定如何与团队成员进行有效互动。

3）带领团队。这部分讨论的是团队的共同成长与奋斗。一个伟大的团队最关键的特征之一，就是它无论面对多么艰巨的任务，都能够展现出无往不胜、所向披靡的精神。面临的挑战越巨大，伟大的团队就越会凝聚力量，通过成员之间的信任与合作，克服各种困难，取得卓越成果。团队领导者需要与团队成员一起，明确团队的目标和各自的责任，建立信任关系，共同应对那些危机来临的时刻，共同迎接激动人心的挑战。

4）构建未来。团队领导者不仅要解决当下的问题，还要立足长远，建立纽带，将团队的价值观和使命感传承下去。在讨论团队未来建设的过程中，团队领导者需要思考如何培养新生力量，如何接纳新成员，如何确定团队规模，以及如何评估团队的成果。

（三）

本书提供了大约 70 份检查清单，涵盖了了解团队状态、定义团队及其规则、评价团队领导者、与他人进行有效互动以及团队管理流程等方面。这些检查清单备受众多行业顶尖人才青睐，它们采用科学的分析方法，将任务拆分成具体可执行的行为，从而最大限度地减少错误和疏忽。查理·芒格曾说，"聪明人为什么会经常犯错呢？因为他们并没有做到我让你们去做的事情：使用一张检查清单，确保你们掌握了所有的主要模型，并以多元的方式使用它们"。查理·芒格在他的一生中，曾持续不断地研究和搜集各行各业的人物和企业的失败案例，并将这些失败案例的原因整理成一份检查清单，这使他在人生选择和事业决策上几乎不会犯下重大错误。这对巴菲特及伯克希尔五十年来的业绩非常重要。因此，本书提供的类似的检查清单对读者来说，无论是作为闲暇时的阅读材料，还是作为特殊事件发生时的紧急参考，都是非常有用的工具。

著名指挥家本杰明·赞德曾说："直到45岁，我才意识到一件令人感到惊奇的事情——指挥是发不出声音的。指挥的能力取决于他能使他人变强大的能力。""回想一下你的职业生涯，是否曾经有一位伟大的导师、领导或经理，对你的职业（和生活）产生了影响？大多数成功人士都有这样的经历。有那么一个人给了我们机会，给了我们重要的责任，让我们超越自我，而他却在一旁观察，确保我们不会跌倒。也许你有机会对那个人表示感谢，也许你没有，但担任团队领导者的角色会给你一个将这份收获传递下去的机会。"这本书是以这样一段献给读者的寄语结束的。

（四）

这是继《专业服务公司的管理》《值得信赖的顾问》和《专业主义》之后，我们翻译的第四本大卫·梅斯特的著作。

大卫·梅斯特专业服务管理的思想体系架构以他创作的五本书为代表，如图0-1所示。

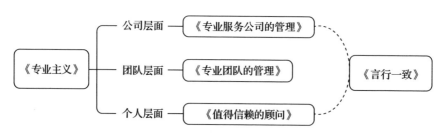

图0-1　大卫·梅斯特专业服务管理的思想体系架构及其代表作

其中，《专业主义》是梅斯特专业服务管理思想的统领纲要。《值得信赖的顾问》《专业团队的管理》和《专业服务公司的管理》从个人、团队和公司三个层面讲述和传递其管理思想。《言行一致》是专业人士必备的实践手册，目前尚未有高质量的中文译本，吴卫军先生和团队将努力争取版权，致力于以统一的风格呈现该书及这一系列著作的思想精华，敬请期待。

（五）

也许会有读者问，为何重新翻译这本书？我们认为可以从三个方面来回答。

第一，这本书是一部经典之作，涵盖了大量管理学、心理学、组织行为学和决策科学知识，引用了许多经典理论和案例，它对团队领导力的讨论至今仍具有现实意义。

第二，管理团队这个命题具有广泛性。我们自身在专业服务机构工作，不论是合伙人、经理还是工作现场的负责人，都会面临团队管理的问题。我们希望可以通过这本书，为团队领导者提供实用的指导。无论团队规模大小，团队领导者都可以发挥引领精神，相信并尊重团队和团队里每一位成员的参与感、创造力以及他们共同凝聚的集体智慧，激发每一位专业人士的潜力——这正和这本书要表达的思想相契合。

第三，作为专业人士，我们怀着对作者的深切敬意开展了翻译工作。我们没有应用翻译软件或其他人工智能工具支持本书的翻译，而是期望通过自己最大限度的努力，结合自己担任团队领导者的经验，为读者展现出最丰富生动的知识内涵。

阅读这本书，就等同于帕特里克·麦克纳和大卫·梅斯特两位大师在你面前为你指点迷津，三位专业人士为你解释。由于知识、经验所限，我们难免会出现翻译纰漏，还望读者海涵并指正。

（六）

我们衷心感谢那些在本书的出版过程中提供帮助的人。

感谢机械工业出版社及其编辑，他们选择把大卫·梅斯特专业服务管理系列著作引入中国，让更多的读者学习专业主义（《专业主义》），掌握提升自己（《值得信赖的顾问》）、领导团队（《专业团队的管理》）和管理公司（《专业服务公司的管理》）的技能，以专业立身，成就自我，服务时代。

感谢《中国银行业》杂志的编辑李琪，她通读了全书，并给全书十余万字的基础翻译者高羽提供了技术指导。

如前所述，《专业团队的管理》是我们翻译的大卫·梅斯特的第四本书。感谢朱小英（《专业主义》一书的合作译者）、李东旭（《值得信赖的顾问》一书的合作译者）和郭蓉（《专业服务公司的管理》一书的合作译者）审读本书部分章节，提升了大卫·梅斯特著作内容表达的一致性和思想体系的完整性。

我们也要对陈彩虹、巴曙松、陆正飞、吕明方、蒋颖、邵晓琼等好友表达深深的感谢，他们为《专业团队的管理》撰写的精彩赞誉，有力地诠释了本书的内容。他们真挚地推荐本书并与读者分享他们的阅读感受。读完这本书后，我们建议你再阅读一次推荐语，这些简洁而深刻的读后感不仅会引导你进一步思考和回顾，而且能极大地丰富你的阅读收获。

我们衷心希望，本书能启迪那些渴望学习和进步的团队领导者、知识工作者，帮助他们提升专业服务能力。我们期望以专业服务为润滑剂，为推动中国经济高质量发展贡献一份力量。我们也希望你能毫无保留地向你的团队成员推荐这本书。

吴卫军　韩健　高羽

2024 年 5 月

如果你是一位专业团队的领导者，那这本书正是为你而创作的。本书所说的"团队"是一个广义概念，并不特指某种类型的组织或架构。你的团队可以是以地域为标准划分的单位，也可以是因为某个项目、客户、行业或专业领域而组建的群体。你并不负责管理整个公司，而是负责监督、协调、管理、领导或督促公司中的某个团队。你并不是老板，即使你真的是，你也不想表现得高高在上。你手中掌握的发号施令的权力有限（如果有的话），但就算你有这样的权威，你也很少使用它。不过，为了有效地开展工作，你必须"敢为人先"，成为人群中"出类拔萃"的那一位。

由于你负责管理的是一个团队，而不是整个公司，所以你可能仍然需要处理客户工作，并同时担任球员和教练的角色。这可能是你首次管理（或无论你怎么称呼这一行为）团队。在成为团队领导者之前，你只需要专注于自己的表现，但现在你有责任关心（并影响）别人的表现，而他们中的很多人过去和你同级（而且这些人可能现在还这么认为）。你还必须将一群单打独斗的个体打造成一个具有凝聚力的团队。

团队的类型多种多样。有的团队（team）专注于实现自身使命，成员对于共同的目标和为达成目标需要承担的责任具有高度共识；有的团队（group），其成员各自在自己的项目上独立工作，不对彼此负责，仅仅因为行政管理的需要或组织上的便利而形成团队。

我们不希望就第二种团队何时演变为第一种团队展开争论，因为大多数团队可能介于两者之间。**真正重要的是，你和你的团队成员需要就如何清晰地定义自己的团队达成一致。我们认为，定义一个团队的是它准备据此运作的一套规则。在高度协作的团队中，每位成员都清楚这套规则，并且会严格遵守它们；而在松散型团队中，很少有规则，一些规则即使存在，往往也是可以协商的。**本书的中心思想就是讨论如何让你的团队有效运作。正如团队合作领域的世界级专家乔恩·卡岑巴赫（Jon Katzenbach）所说："团队表现更多与团队纪律有关，而不仅仅与团队成员和睦相处有关。"

这一观点肯定了大卫·梅斯特在他的另一本著作《言行一致》中的发现，即专业服务机构的成功可以（从统计学的角度）归因于对一套标准的严格遵守，其他机构可能也在倡导遵循标准，但它们没有对此强制要求。大卫·梅斯特还发现，经验丰富的管理者、教练或团队领导者是贯彻执行这些标准的关键所在。在阅读本书的过程中，如果你对所讨论的内容能否带来商业效益抱有疑问，我们建议你从《言行一致》中寻找答案。在本书中，我们只讨论"怎么做"的问题。

仅仅给一群人贴上"团队"的标签，并不能让他们真正成为一个团队。作为顾问，我们花了许多年时间试图说服别人相信，只有当公司的每个团队都有一位领导者、负责人、协调员或者教练（专门负责管理团队和指导团队成员）时，公司想要推行的各种政策才能真正落地。

这一点并不像它看上去那样容易做到。专业人士，无论是在专业服务机构还是在企业内部工作的，都是公认的不喜欢被管理的。他们精于算计，思维活跃且极为挑剔。根据麻省理工学院教授、ArsDigita 公司的创始人兼董事长菲利普·格林斯庞（Philip Greenspun）的说法，程序员的自尊心极强但也极其脆弱。他写道：

软件工程与其他行业不同，团队中各个层级的人都认为自己同样聪明。这个行业中很讽刺的一点是，有些人想法很糟糕，产出也不高，却常以能力超群自居。要让他们执行别人制定的策略真是难上加难。而对于那些真正能力超群的程序员，更没有理由指望他们能彼此达成共识。每名程序员都认为自己关于目标构建和实现路径的想法是最好的。

一名真正出色的程序员所创造的商业价值可能相当于普通程序员的十倍。那么，公司舍得把一名以一当十的程序员推向纯管理岗位吗？……公司又敢让一名技术能力有所欠缺的员工担任管理岗位吗？……因为团队领导者仍然需要承担部分项目工作，比如设计软件、编写程序、完成开发文档以及撰写期刊文章，所以可能存在一种风险，即他们将只顾埋头工作，无暇顾及团队的表现。

我们认为格林斯庞的观点适用于大部分专业服务领域。《专业服务评论》（*Professional Services Review*）的出版商詹姆斯·埃默森（James Emerson）曾这样说：

根据我在专业服务领域近30年的从业经验，我深信有效地领导一群专业人士比大多数人预想的要困难得多。专业人士具备的某些特质使他们能够独立且有效地完成工作，但这些特质也会阻碍他们在团队环境中取得成功。

大多数专业人士接受的训练要求他们保持怀疑精神，他们总是会对新想法进行批判性的审视，以发挥其分析天赋，因此哪怕想要在最小的问题上达成一致，都可能是很困难的事情。

正因如此，技术背景的专业人士往往很难跳出自己的核心认知去关注问题的全局。专业人士倾向于过度研究任何问题。首先，这满足了他们在做出决定前消除哪怕一丝风险的需求；其次，这给了一些人没完没了地讨论的借口，这样他们就不会被要求采取行动了。

专业人士总是对问责制充满抵触情绪，因为他们担心这会限制他们的创造力和寻找最佳解决方案的能力。

大多数专业人士喜欢独自工作。让一群专业人士待在同一个房间里非常困难。他们常常借口跟客户有约而离开，而实际情况是他们和别人待在一起会感到不自在。

阿桑特（Assante）资产管理公司的大卫·斯旺森（David Swanson）注意到：

> 尽管团队合作是一种很好的工作哲学，但我不知道如何在团队合作中解决个人贡献的安全感缺失问题。作为团队成员做出贡献，可能会使成员失去他们自身的独特性，甚至可能失去他们为自己和家庭创造最大经济价值的机会。我所在的金融服务业从来没有实施过自上而下的管理方式，而是以创业、竞争和交易为主导。随着金融服务业的行业模式从资金交易转向规划服务，尽管竞争仍然激烈，但行业内正变得更具合作性。大家愿意建设团队和培养团队成员，但依然会担心个人的付出得不到相应的回报。

遗憾的是，管理专业人士这一挑战导致许多公司认为专业人士无法被管理，因此它们往往放弃尝试。团队管理职责常常缺位，就算有形式上的负责人，他们也几乎只负责行政事务，并不做实质性的管理工作。

我们对此持有不同的看法。**良好的团队协作可以带来巨大的潜力，我们不能就此放弃。正因为对专业人士的管理是复杂的，所以应当对此花费更多的精力。**考虑到专业人士的特质，管理他们也比管理其他员工需要更多的技能。管理专业人士要做的事情可能与管理其他员工没有什么不同（比如召开会议、激励员工、认真倾听、给予建议），但具体怎么实施可能会有很大不同，需要不同的方式，或者既要细致入微，也要格局宽广。当然，还要有正确的态度！

我们试图阐明，想要成为一名成功的团队领导者，你必须愿意从他人的成功中获得成就感。此外，你还需要一套特殊的技能——影响他人的情绪、感受、态度和决心的能力。但在很多公司，这通常不是选择团队领导者的标准。更多情况下，资历最老、业绩最好、知识最渊博或者最会算账的人会被选出来领导团队。出于这种传统观念（或者政治因素），一些公司发现需要任命两个人来领导一个团队。其中一人是"名义上的负责人"（类似名誉主席），通常是在市场上有知名度的杰出人物，其主要任务是代表团队面向市场。名义上的负责人不负责团队的实际指导工作，而是由另一位真正的团队领导者来承担协调、建议等职责，并确保团队有效运行。这个方案完全没问题。在本书中，我们假设你就是那个实际负责团队日常管理和指导的人。

如果你在下面的问卷中发现了任何你正在关注并且希望解决的问题，那么这本书就是为你准备的。我们将竭尽所能为你扫清障碍，提供成为一名成功的团队领导者所需具备的知识。

快速测试你的团队是否在有效运作

1. 团队成员能够就团队存在的原因、未来发展方向、希望达成的目标以及关键优先事项达成共识吗？

还是他们缺乏归属感，只是勉强参与，这也许是因为他们认为团队成员的身份与他们的个人表现和报酬没有关系？

2.团队成员是否相信他们可以真正地依赖并信任彼此，他们是否对彼此的能力和付出充满信心？

还是他们认为依赖别人的善意和能力是一种不可靠的甚至危险的想法？

3.团队成员是否能够真正做到有福同享、有难同当？

还是他们只关注个人成就，只会用借口和互相指责来合理化负面结果？

4.团队成员是否会真诚地聆听彼此的想法和意见？

还是他们只为自己的立场进行辩护和宣传？

5.团队成员是否会公开赞扬和认可彼此的努力和贡献？

还是他们认为这些付出都是理所应当的？

6.团队成员是否珍惜彼此的时间？

还是他们的行为表明他们认为对方的时间没那么重要？

7.团队成员是否认为约定和承诺是严肃认真、有约束力的？

还是他们只是出于客套而做出"也许吧，如果方便的话"这样的承诺和约定？

8.团队成员是否帮助彼此成长和成功，然后共享彼此成功的喜悦？

还是他们认为这其实无关紧要？

9.团队成员是否要求彼此坚持高标准，并坦诚以待，相互给予反馈、指导和关怀？

还是他们未能坚持高标准的要求，而是容忍低质量的工作，或是将关怀和纵容混为一谈？

10.团队成员是否相信他们个人的成功和整个团队的成功是紧密相连的？

还是他们认为自身需求和团队需求是相互矛盾的？

11. 团队成员是否愿意共享客户联系方式、信息、工具和其他资源？
还是他们更倾向于保护自己的利益而不愿意分享资源？

12. 团队成员是否会因为对团队的贡献而受到认可？
还是他们只是表面上做做样子，但实际上觉得追求个人目标更有利？

13. 团队是否获得了推进工作所需要的权力、资源和支持？
还是大量时间被浪费在了搞办公室政治以解决内部官僚主义的问题？

14. 团队成员是否将自己定义为团队的一员？
还是在他们眼里成员只是因为公司或工作才产生联系？

在之前我们各自发表的文章中，我们已经讨论过公司管理和团队管理的重要性。除了本书前两章中的一些评论外，我们在本书中不再重复这些论述。本书想要解决的问题，是我们在认识到管理的重要性之后常常会被问到的一个问题："好的，我们赞同由团队领导者来管理团队，并让他们专注于指导其团队。但我们该如何帮助他们学会管理呢？"

我们在本书中详细描述了团队领导者必须做的事，并尽我们所能，详细地告诉你要如何去做。

尽管市面上有很多关于如何成为一名管理者或教练的优秀著作，但其中的大多数都是以企业为背景编写的。在企业里，团队领导者通常有较大的"职位权力"或公认的权威。然而，在专业服务机构中，"管理"（区别于行政管理）却是一个相对较新的概念，这里的团队领导者通常没有自己的下级或雇员，或者他们并不以这样的身份看待一起工作的人——他们的同事、同级、合作方、共事者，也许还有合伙人。

此外，企业内部的许多管理人员，如工程师、人力资源顾问、市场营销专家、财务专家、信息技术主管等，也面临着类似的挑战。他们需要领导那些受过高等教育、自主性强、思维活跃的员工，这些员工也许会被影响或接受指导，但抗拒被"管理"。

我们希望通过本书向大家介绍在专业环境中（不只是在专业服务机构中）担任团队领导者所需的基本知识。这是一本关于"如何去做"的书，不会过多关注理论、概念或观点。这是一本人们在刚成为团队领导者时就应该阅读的指南！

本书不会探讨的内容

关于团队如何在作为一个整体的公司中运作，有许多独特、复杂且引人深思的问题。我们碰到过的一些问题包括：

1）团队应该按照专业领域、行业还是地理位置来组建？

2）跨地区、跨国家或全球化团队面临的特殊挑战是什么？

3）当团队相互交叉或重叠时，应如何处理矩阵管理的复杂性？

4）团队应该被视作利润中心来管理吗？

5）如果团队过于强势，应如何防止公司"巴尔干化"（团队各自为营，公司变得四分五裂）？

6）团队领导者在公司的执行委员会中应扮演什么角色？

虽然这些问题的确很重要，但它们超出了本书的讨论范围。这本书主要写给团队领导者，探讨他们如何扮演好自己的角色。对那些正在处理公司层面结构性和流程性问题的公司管理层而言，他们需要的应该是另一本书了！

关于术语的说明

因为我们的目标人群是来自多个专业领域的团队领导者，我们通常会面临一些表达上的困境。这一方面是因为一些专业术语的适用语境不同，另一方面则是因为不同专业领域对同一事物的命名习惯不同。

举例来说，律师、咨询顾问和会计师通常使用"计费时间"（billable hours）一词，而传媒公司则倾向于使用"利用率"（utilization rates）或"收费率"（chargeability）。同时，还有一些在企业内部工作的专业人士可能不使用这些术语，但是他们所描述的"直接为（内部）客户服务所花费的时间"（time spent directly serving (in-house) clients）的概念，在相同的语境中也是适用且易于理解的。

与此有关的问题还出现在"非计费时间"（non-billable time）这个概念上，即与客户项目没有直接关系的工作时间。我们有时也会用"非生产时间"（non-production time）或"非收费时间"（non-reimbursed time）这样的表达。我们不能保证我们总是精确地匹配每个语境，但我们希望概念是清晰的。

在使用"管理者"（manager）、"团队领导者"（leader）和"教练"（coach）这些词时，我们也比较随意。已有很多书或文章对这些术语进行了精确定义，对此我们不再赘述。我们更关注的是恰当的行为、态度、技巧和行动，而不是名称。

还有一些词语也会造成困扰。一些行业会对"partners"（合伙人）和"associates"（助手）的概念进行明确区分。在律师事务所中，"staff"（员工）一词被用来指代非律师员工，而在会计师事务所中，这个词则表示入门级的专业人士。我们更关注如何管理人，所以尽量避免使用这类术语。我们偶尔会区分资深员工和初级员工，但这是我们所做的唯一区分。

我们期望，即使所使用的术语可能存在歧义（或者并非你们行业的常用表达），也不会影响我们传达主要观点和建议的清晰度。

最后，我们要强调的是，这本书是我们共同的工作成果。如果有必要表示我们中的某人单独完成了部分工作时，我们会用"帕特里克"或"大卫"来表述。在其他情况下，就用"我们"来表述。

如何使用本书

我们建议你从头到尾完整阅读本书，因为它是一个有机的整体，而不是一本由零散章节组成的"手册"。这本书分为四个部分，按照你所需要的思考逻辑进行排序。

第一部分涉及阐述和理解你的角色。正如我们所说的，帮助团队成功主要靠的是你，而不是其他人。

第二部分涉及你必须参与的活动，包括指导、引导、领导和激励团队成员。正如我们在书中指出的，只有与团队中的每个成员建立稳固的工作关系，你才能处理好整个团队的事务。

第三部分转向团队管理，讨论如何把团队当作一个整体进行管理。

第四部分讨论了与团队未来建设相关的问题，包括如何管理初级员工、解决团队规模问题以及评估团队的绩效。

你还可以看一看书中我们建议的事项，检查自己需要做这些事的频率。一些章节（尤其是第一部分）提及的事项你可能只需要执行一次，这些内容与团队领导者的"安装程序"（获得任命、建立团队运作的基本规则等）有关。其他章节的内容（如发起挑战、为变革赢得支持或管理"大牌"员工）涵盖了你可能需要定期做的事情。还有一些章节的内容（关于指导、开会、给予赞赏和认可等）与你需要持续做的事情有关。我们希望对每项活动进行清晰的分类。（我们将在最后一章回顾这些类别。）

本书的内容涵盖了从"运行机制"（例如，如何组织会议）到情感层面（信任、人际关系、工作意义和激励员工等话题）的广泛的技能和活动。我们认为，团队领导者需要提升他们在所有这些领域的能力。著名公关公司 Smythe Dorward Lambert 的劳拉·霍姆斯（Laura Holmes）对我们说：

> 关于管理者和领导者的角色有何区别，长期存在着争论。然而，真正的区别不在于称呼，而在于如何处理工作以及如何与他人相处。团队领导者面临的活动范围涉及从基本要求（确定工作目标及方法，有效组织会议，评估绩效）到必须做出的具有挑战性的选择（在变革和不确定时期激励员工，为成员的职业发展提供建议，解决团队冲突）。这不是非此即彼的情况。团队领导者不仅需要具备扎实的团队管理知识和技能，还必须拥有能够鼓舞人心、激发内在动力的卓越领导才能，只有这样才能在业务上获得卓越的成功。

这也是我们想要表达的！

| 目录 |

FIRST AMONG EQUALS

赞　誉

作者简介

译者简介

译者序

前　言

| 第一部分 |　**准备好了吗**

第一章　**明确角色**　2

团队领导者如何利用时间　5

所谓"愿景"　7

第二章　**权责分明**　11

需要遵守的规则　14

第三章　**逐步建立人际关系**　26

你应该从哪里开始　39

第四章　**勇于激励**　44

经验　48

总结　54

| 第二部分 |　**指导个人**

第五章　**赢得追随者**　56

　　创造一个有安全感的氛围　63

　　进行正式的工作指导　67

第六章　**用心倾听与共鸣**　73

　　优秀的倾听者会怎么做　73

　　如何应对糟糕的倾听者　78

第七章　**管理要因人而异**　81

　　对人群分类的思维模式　83

　　求同存异　83

　　了解人们行为的准则　84

　　解读同事行为的关键　87

　　进一步思考　93

　　因材施教　94

　　与驱动型同事共事　96

　　与分析型同事共事　97

　　与友善型同事共事　99

　　与表达型同事共事　101

第八章　**提携后进**　104

　　解决长期未能改善的工作表现问题　111

第九章　**管理"大牌"员工**　112

应对问题行为　113

下一个挑战　117

第十章　**为变革赢得支持**　120

响应团队成员的诉求　123

| 第三部分 |　**带领团队**

第十一章　**明晰团队目标**　130

第十二章　**约法三章**　136

确定相互负责的程度　137

设定共同贡献的标准　142

确立共同的价值观　147

第十三章　**建立团队信任**　151

建立信任的策略　152

信任的构成要素　154

第十四章　**发起挑战**　163

迎接挑战　164

第十五章　**如何高效开会**　172

会议目标　173

会议规则　174

知识共享与技能提升会议　176

行动计划会议　178

第十六章　**给予赞赏**　188

第十七章　**解决人际冲突**　196

第十八章　**应对危机**　202

应对危机的关键原则　202

应对不同类型危机的建议　206

总结　212

| 第四部分 |　**构建未来**

第十九章　**培养新生力量**　216

工作分配机制　217

工作监督机制　218

导师　220

招聘　223

第二十章　**接纳新成员**　226

新成员融入计划　228

管理好你的投资　231

第二十一章　**控制团队规模**　233

我们还要继续下去吗　236

第二十二章　**评估团队绩效**　237

组织团队自我评估　238

问卷调查　240

评估财务业绩　247

总结　253

第二十三章　**团队领导者的价值**　254

延伸阅读　262

参考资料　263

致谢　264

第一部分与你和你所扮演的角色有关。这可能是本书最重要的部分，因为如果你不能正确理解自己的角色，接下来的工作都是徒劳无功的。

- **第一章　明确角色**
  作为团队领导者，你将如何创造价值？

- **第二章　权责分明**
  是否就权利和责任达成了明确的共识？

- **第三章　逐步建立人际关系**
  你必须具备哪些关键技能？

- **第四章　勇于激励**
  如何激励他人？

明确角色

作为团队领导者，你将如何创造价值?

本杰明·哈斯（Benjamin Haas）是韬睿咨询⊖（Towers Perrin）芝加哥办事处的主管合伙人，韬睿咨询是全球知名的人力资源咨询公司，在全球70个办事处拥有约8500名员工。本杰明·哈斯阐述了作为团队领导者的真正要义：

> 事实上，团队领导者和个人贡献者的角色之间有根本性的区别。团队领导者本质上应当是能够帮助他人实现目标的人。
>
> 作为团队领导者影响团队业务，与自己一个人完成工作相比，思维方式是完全不同的。团队领导者需要用自身的正能量和乐观精神为团队赋能，他们的职责之一是培养团队成员的干劲和工作热情。团队领导者必须激发团队成员的主人翁意识，让他们认为自己是企业的主人，而不仅仅是一名受雇的执行者。
>
> 团队领导者的一项关键能力是对团队成员进行评估并明确每

⊖ 2010年，韬睿与华信惠悦合并为韬睿惠悦。2020年，韦莱集团与韬睿惠悦合并成立韦莱韬悦。——编辑注个人适合的角色，这个角色在满足个人需求的同时能让他们有效地为公司做出贡献。

我们完全同意上述观点。团队领导者的职责就是帮助团队和团队成员取得成功。

在成为团队领导者之前，很多人在工作中更多关注的是自己个人的表现。从专注于自身到管理他人是一个艰难的转变，特别是当团队领导者仍然需要承担客户服务工作或其他具体工作任务时。**其难点涉及态度（愿意关注他人并助其成功）和技能（在不独断专行的情况下影响他人），技能可以被传授，但态度很难改变。**

AFSM 国际的 CEO 约翰·舍内瓦尔德（John Schoenewald）认为：

> 为了有效发挥作用，领导者必须展现出自己对他人真正的关心。不仅要关心员工在做什么，而且要关心员工如何去做。我曾见过一些领导者，他们完全专注于自身，沉浸在对个人目标的追求中，这在高科技服务行业尤其常见。他们没有时间，也不愿意花时间辅导他人。因为他们以目标为导向，希望通过技术解决方案来取得成果。在高科技服务行业，无论是技术人员还是管理人员，都像一群独行侠。他们更愿意独自完成任务，这也是他们选择技术领域而不是销售类职业的原因。这种情况对有效的团队合作构成了挑战。我管理过的大部分技术团队都具备成功所必需的条件，但它们往往试图通过个人的努力来实现团队的目标。

最出色的团队领导者将自己视为催化剂。他们期望取得非凡的成就，但也深知这离不开他人的努力和付出。管理一群拥有不同技能、迥异经验和多样工作风格的人是一项极具挑战性的任务，更别提他们有时还存在利益冲突。曾任纽约洋基队经理的凯西·施滕格尔（Casey Stengel）说过：

"找到好球员不容易，但更难的是让他们一起合作。"正如我们所知道的，团队协作需要奉献精神、好奇心与勇气。

为了帮助他人取得成功，你要乐于从他人的成就中获得满足感，并具备影响他人情绪、感受、态度和决心的能力。

杰克·纽曼（Jack Newman）退休前曾在全球顶级律师事务所——摩根路易斯律师事务所（Morgan, Lewis & Bockius）负责一个规模庞大且高效运作的团队，他对自己的角色有着清楚的理解：

> 对我而言，准备两套名片十分重要。一套是属于我个人的名片，另一套则代表整个团队。团队名片上列出了二十位律师的信息，其大小与我的名片相同，方便客户随身携带。在团队名片上，客户可以针对不同的问题找到合适的律师。这张团队名片的存在无形之中也强调了团队整体的重要性。

那么，你如何帮助其他人（以团队合作的方式）取得成功呢？提供一些工作要点或工作内容方面的建议（该做什么或如何做）可能是部分答案，但这通常不是最主要的问题。**大多数情况下，你将与才华横溢的人合作，他们知道该做什么和如何做，但就是没有采取行动。**原因可能有很多（比如恐惧、怀疑、缺乏动力、态度、家庭问题或组织结构上的障碍），你会发现大多数需要化解的阻力都与感受、态度和情绪有关。

因此，你的角色定位和你的核心技能，就是通过影响他人的感受、态度和情绪来帮助他们发挥其潜力。如果你能成功地做到这一点，那么团队成员业绩水平的提升将会带来很多积极正面的影响，包括为你的团队成员、你自己以及你的公司带来更丰厚的财务回报。

需要注意的是，虽然金钱（或者盈利能力）可能是你追求的目标，但它并不是你必须管理的对象。要实现经济回报，你需要管理的是团队成员的自驱力、热忱、兴奋点、激情和雄心。你的主要技能（同时也是检验你工作的标准）应当是你能够提升你所影响的人的奉献水平和工作动力。

你可以做出以下贡献。

1）创造活力和激情。

2）成为创意的源泉，激发他人的创造力。

3）推动团队协作。

4）帮助制定人人都认同的共同目标。

5）协助团队成员解决问题，扫清障碍，减少他们成功的阻力。

6）充当倾听者，帮助团队成员思考他们的问题。

7）按准则行事（态度温和，执行迅速，坚定而不打折扣）。

8）当团队成员无法保持自律时，积极引导，温和施压。

9）不断鼓励团队提升工作效果、质量和效率。

你在上述九个方面会分别给自己打多少分？你所领导的成员会给你打多少分？

团队领导者如何利用时间

作为团队的领导者，你的目标是帮助其他人，但你如何做才能实现这个目标呢？你可能会执行下列哪些活动？你的团队成员是否期望你做这些事情？你的上级是否同意你进行这样的安排？

1）以教练的身份，不定期、非正式地与每个团队成员（资深员工或者初级员工）进行交流，以促进个人发展，提升他们的表现。

2）对于初级员工的发展要有全面的了解，并在适当的时候建议他们参加不同的工作项目，以培养员工的综合能力，促进他们的职业发展。

3）与团队成员的客户保持联系，以帮助团队成员与其客户建立紧密的商业关系，关注客户满意度，以身作则，努力帮助团队提高客户满意度。

4）帮助团队成员创造真正区别于竞争对手的独特价值，并为客户所认可。

5）帮助团队及时了解客户所在行业的最新趋势和会对客户产生影响的动态变化，以及客户对团队服务的需求。

6）对团队成员参与的项目进行盈利性分析，并与他们讨论分析结果。

7）设计一套系统化的方法，以记录在为客户提供服务的过程中积累的经验和知识，并将其分享给团队和整个公司。

8）帮助团队探索如何利用技术创新的方式提供更好的服务，同时降低客户的成本。

9）花时间招聘、面试和吸引合适的候选人（包括初级的和资深的）。

10）花时间跟进并主动帮助团队成员执行计划。

11）发起并组织定期会议，共同规划下个季度的团队目标及任务。

12）开展正式的绩效评估，以确定资深员工的薪资水平。

13）根据绩效评估结果与团队成员进行沟通。

14）赞赏成员和团队的每一次小的进步，而不仅仅是那些大的胜利；鼓励每一次努力和尝试，而不仅仅关注最后的成果。

看到这里，你会发现上述大部分活动都需要投入相当多的时间。实际上，我们建议你先试着根据团队的规模和活动性质估计上述各项活动每年需要花费的时间。你可能会发现你没有足够的时间来完成上述所有活动，于是你需要在以下两者间做出选择：是在每一项活动中都付出一小部分精力，还是选择其中几项全力执行？（我们推荐后者！）

对于上述活动清单，我们想请你问自己以下问题。

1）这些活动中，哪一项可以最大限度地激发团队的活力和激情，并因此提升业绩表现？

2）对你为其提供建议（或指导或领导）的人来说，哪些活动是有效的（即他们认同你应该执行）？

3）上级期望你实施哪些活动？

4）我们的清单中是否遗漏了一些能够提升领导力的活动？还有哪些活动可以提升团队及团队成员的业绩表现？

团队领导者无须完成我们讨论的上述所有活动。**领导风格因人而异，各不相同。但如果一个团队和团队领导者想要取得成功，团队需要就领导者的角色、责任、义务以及评价指标达成一致并形成记录。**你需要与上级和下属就这些问题达成共识。但令人惊讶的是，这种情况很少发生。（在下一章中，我们将介绍你需要与公司管理层讨论的其他事项，以便你能更好地履行你的职责）。对团队领导者来说，最大（也是最确定）的失败原因之一就是没有事先明确他应该做什么。

鉴于许多专业服务机构（或企业内部的专业部门）缺乏积极主动的团队领导者，因此准确解答这些问题至关重要。你或许认为每个人都了解你的角色，但根据我们的经验，稳妥的假设是，即使每个人都非常清楚你应该做什么，不同的人也有不同的观点和视角。

团队领导者不能也不应该试图将自己对自身角色的看法强加给他人——这注定会失败。在专业服务机构中，人们必须同意接受指导，但这只有事先就角色及其限制达成共识并进行良好沟通后才能实现。

所谓"愿景"

众多管理学文章以及我们的很多客户都认为，领导者的一个关键贡献就是提供或者塑造一个"愿景"。然而，我们对此持怀疑态度，并非因为任何理论依据，而是因为在长期担任顾问的过程中，我们在许多职场环境中发现，很少有管理者或者领导者能够成功实现愿景驱动。有时候，领导者谈论自己的愿景，听起来就像是他们在说"跟我冲吧！"，但是这样的激情呼吁不太可能对专业人士奏效。

我们承认，确实有人凭借个人魅力或者通过描绘一种无法抗拒的未来，让大量专业人士心甘情愿地追随自己。然而，我们认为只有极少数人能够成功实现这一点。我们将其称为"摩西策略"，因为这就像摩西登上山顶，聆听上帝的教诲，再将其传给以色列的子民，说"这是上帝之言，感受其中的奥义吧！"一样。但如果你还记得《圣经》中的情节，你可能会想起即使是摩西也不得不做两次同样的行为才能引起民众的重视！

在我们看来，最有效的管理者，不会喊出"跟我冲吧！"这样的口号，而是会说"让我来帮助你！"。管理学中称之为"仆人式领导"。

无论使用哪种方法，关键在于让团队保持热情、激情与活力。除非你天赋异禀，否则我们建议你关注能让每个团队成员都感到兴奋的事情，而不（仅仅）是让你自己兴奋的事情。

以下是大卫在《专业服务公司的管理》一书中对团队领导者角色的描述：

> 一家专业服务公司就像一支由天赋异禀的运动员所组成的运动队，运动员只有充分发挥出自己的潜能才能赢得比赛。专业人士就像运动员，如果任其自由发挥，往往不会取得在优秀教练指导下所能获得的好成绩。
>
> 最优秀的管理者确实能为公司创造非常特别的价值。首先，在管理者的有效管理和引导下，员工能够做出比在任其自由发展的情况下更大的成绩，并对工作及个人发展重点有更加清晰的认

识。其次，管理者通过运用高超的管理技巧，将员工的个人才能汇聚成集体智慧，促进员工之间的相互学习和相互支持。

优秀的教练如何做出成绩？公司中讲求实际效果的领导者明白，他们很难通过演讲、前景展望或者激发灵感的小组会议等方式来调动团队成员的积极性（或使他们做出改变）。他们知道，能对团队成员产生影响的唯一有效的方式就是一对一、面对面的私人交谈。最重要的是，他们要给予每个个体以充分关注。他们只有近距离地了解每个团队成员在做什么、做得如何，才能为之提供实质性的建议。他们总是会"顺道过来看看"，并问一句："进展如何？"

能够带动员工热情和积极性的领导者会想方设法地抓住机会庆祝他们同人的成功和胜利。他们善于利用认可、赏识和公开表扬等方式来激励他人。然而，要想让指导起到一定的效果，好的教练还要严加要求。当一个优秀运动员成功跳过一个高度时，优秀的教练应该做什么？两件重要的事情：首先祝贺运动员取得好成绩，然后抬高横杆（并鼓励说"来，你肯定行"）。教练必须扮演好"啦啦队队长"和"首席评论员"这两个角色，两者相辅相成，缺一不可。教练还应具备的一项技能是把握好"度"，知道可以把横杆抬高几厘米，即根据每个运动员的水平和状态设定下一个既有挑战性又可以实现的目标。

好的教练会组建团队。因为大多数选手可能会更多地关注自己的表现及成绩，那么教练就有责任维护团队的整体利益，把握好集体行动的机会。这不可避免地会使教练提出一些交换条件（"这一次你帮助我们，下一次我会尽力帮助你"）。优秀的教练尤其关注如何有效、充分地利用团队资源，关注所有成员是否都已融入团队。

　　领导者需要充当团队长期发展目标的捍卫者。他们的价值体现在他们有提醒和督促同人的意识：不是给他们设立新目标，而是帮助他们实现自己制定的目标。当团队和员工个人努力在当前的工作压力和长期的工作成绩之间寻求平衡时，领导者的角色就是提醒者、教练和支持者。

| 第二章 |

权责分明

是否就权利和责任达成了明确的共识?

在你所在的公司中，如果"有效管理团队"这一理念已经深入人心，那么你无疑是幸运的，因为这意味着与你共事的每个人都能够清楚了解团队存在的初衷、你所担当的角色、团队运作的原则与机制，以及你作为团队领导者所拥有的权利（rights）和承担的责任（obligations）。遗憾的是，并非每家公司都能够达到这样的管理水平。

对专业人士的团队管理往往具有一定难度，因为团队成员通常都不了解团队运作的基本规则。这样的话，你作为团队领导者可能一开始就不具备完成任务的前提条件。事实上，依照某些公司的运营方式，想要实现有效的团队管理几乎是不可能的。因此，在你作为团队领导者开展工作之前，你需要确保你和你的团队成员就我们所说的"任职条件"和"授权范围"达成了共识。

需要强调的是，具体问题要具体分析，没有一套放之四海而皆准的范式。对提供专业服务的企业而言，其内部通常存在多种形式的团队组织，无法一概而论。团队领导者负责的可能是一个单独的利润中心或是一个特定的地理区域。在矩阵式管理体系下，团队领导者还可能需要管理来自不同运营单位的员工。此外，还有一些人参与的是临时的项目团队，团队存续的时间可能只有几个月或几年。然而，无论在什么情况下，我们都建议你按照我们推荐的流程来制定你和你的团队将据以运作的基本规则。**你或许认为身边的同事对你职责范围的理解是一致的，但这一点值得你再次确认！**

不少专业服务公司已经认识到团队协作和团队管理的重要性。约翰·格雷厄姆（John Graham）是知名公关公司福莱国际传播咨询（Fleishman-Hillard）的首席执行官，他在世界大型企业联合会上发表的一次演讲中提到：

> 人们希望与优秀的人为伍，同时在更大的群体中成就更好的自己。仅仅成为五万名员工中的一员并不能实现这个愿望，只有成为某个团队的一部分才有可能达成这个目标。是什么样的力量促使一群人成为一个团队或者组织呢？那正是坦诚的沟通，提出意见并参与决策的机会，以及团队中彼此的相互了解。

然而，目前许多专业服务公司采用的团队管理方式实际上并不能称为真正的管理。人们被松散地分配到不同的项目、部门或运营单位中，而且团队领导者的主要职责侧重于行政性事务，比如监控短期财务指标（包括人员利用率、账单开具情况和回款进度等），团队领导者几乎没有权限监督团队成员的工作，尤其是资深员工。

资深员工通常都倾向于自主决定如何规划其时间，保留对自己项目的人员调配和业务拓展方面的掌控力，不希望其他人插手干预。

在这样的团队里，团队领导者不要指望（当然也未曾要求过）团队成员会在推动业务发展、培养初级员工，或构建能让团队成员共同受益的标准化工具与模板上团结协作、群策群力（承担共同的责任）。

因为在上述情形中，团队领导者的自主决策权会严重受限，没有额外的时间来履行团队领导者的职责。在客户服务方面，团队领导者与其他资深员工的工作没有本质区别，同样需要承担业务创收的责任，而且对团队领导者的绩效评估主要基于作为个人贡献者的个人成就，而不是作为团队领导者的成绩。

与我们合作过的一家公司的管理层曾这样感慨：

> 我们始终致力于建立高效协作的团队，并将其作为我们主要的长期目标之一。然而，我们现在面临的关键问题是，团队在客户服务方面投入了大量精力，许多团队领导者没有足够的时间来履行他们的管理职责。尽管我们强调了团队管理的重要性，但公司上下普遍存在一种观念，即为客户服务的回报高于一切。

我们也听取了这家公司各个团队领导者的反馈：

> 我们一直以来都不清楚公司管理层对我们的具体期望。在如何开展团队管理工作方面，我们从未收到过任何书面指引或指导，我们不知道需要从服务客户的工作中抽出多少时间，甚至不知道该将这些时间用在哪些方面。

> 当初同意担任这一职务时，我以为这是对我在这个特定领域的专业能力的认可。然而现在看来，公司管理层似乎希望我把时间花在提升专业能力之外的其他事务上。

许多公司对于团队的概念存在着误解。他们对团队领导者进行了一些简单培训，然后把他们送回一成不变的工作环境里，就寄希望于有所成效。问题的症结在于，我们应该如何为团队领导者提供全面系统的支持，而不是寄希望于幸运降临。

需要遵守的规则

为了避免上述问题，在着手具体工作之前，你需要分别与团队成员以及你的直属领导就下列重要事项达成共识。你要勇于提出这些议题并加以解决，如果在担任团队领导者后，你没有立即这么做，失败可能就此埋下伏笔。

除了明确你的职责（如第一章所述），你需要商定的任职事项还应至少包括以下内容：

1）履行职责所需要投入的时间

2）指导员工的权利

3）绩效评估标准及薪酬

4）对团队成员薪酬的话语权

5）重视每个人的非收费时间

6）你希望从公司领导那里得到的支持

1. 履行职责所需要投入的时间

专业团队无法有效运作的最大根源，或许在于没有给予团队领导者充足的履职时间。 在许多公司里，上至管理层下至基层员工都期望团队领导者像其他团队成员一样，全身心地参与客户服务（或生产性）工作。

因此，团队领导者仍然把自己的个人业绩视为第一要务，将对团队的指导作为次要工作，只有在时间允许的情况下才会花时间处理。这并不奇怪，因为大多数专业人士一直忙于处理专业领域的工作，如果有些事情需要被搁置，那么这些事情几乎无一例外都是他们管理职责方面的。

正如一位团队领导者所说：

我是凭着信念在从事这份工作的。我相信到年底的时候，会有人记得我为它所付出的所有时间。同时，我也相信在薪酬结算时，会充分考虑到我由于承担这部分工作而无法专职为客户提供专业服务的情况。

上述问题的关键，不在于团队领导者，而在于公司管理层。许多公司高管（无论是在公开场合还是在私下谈话中）宣称他们理解团队管理的重要性，但不愿意承担公司业绩下滑的风险。管理层不愿向团队领导者保证，只要他们尽心尽力管理好团队，就不会因个人业绩下降而扣减其绩效评分。公司管理层担心，如果团队领导者承担了过多的管理、指导和培训工作，可能会导致财务上的"黑洞"。

如果公司管理层真的希望建立高效协作的团队，并且相信在管理这些团队上投入的时间能够创造利润（就像我们观察到的那些最成功的公司一样），那么他们必须重视并认可每位团队领导者用于"管理"的时间。

需要注意的是，我们并不是在提倡"一分耕耘一分收获"这句老生常谈。很多人愿意担任团队领导者，是因为他们相信这样做是有回报的。他们通过培养和辅导年轻人，帮助同事取得更大的成就，获得了内心的满足感。他们真心期待着打造一个优秀的团队，悉心传授专业知识，使团队传承自己的经验。对这些团队领导者来说，最重要的是使他们能够公平地获得应有的待遇和回报。他们不愿看到自己为了团队的利益贡献了时间和精力后，却因为没有在客户服务或者创收工作方面投入更多的时间而在薪酬评估时被打了折扣。

其实不难证明，给予团队领导者更多用于管理的时间，他们可以帮助公司创造更大的利润空间，一个得以有效管理的团队能够比团队领导者个人创造更多的收益。下面举个简单的例子。

假设一个团队包括 1 位领导者、10 位资深员工和 10 位初级员工，营业收入为 800 万美元，利润为 300 万美元（这些数字可以根据你的实际情况予以调整）。假设接下来团队领导者将每年投入 500 小时来履行管理职责。

500 小时意味着一年中每周投入一天时间来管理。我们假设团队领导者仍须承担其他责任，如业务拓展。这也意味着他们用于为客户服务（或者创收）的时间将每年减少 500 小时。

我们假设团队领导者的（显性的或隐性的）工时费用是 400 元 / 小时，因此减少了 500 小时的计费工作即减少了 20 万美元的营业收入（并非所有企业都按工时收费，但在这个例子中，让我们假设可以使用隐性计费率的概念）。

尽管该团队（或公司）因此减少了 20 万美元的收入，但它每周多了一天时间来管理 800 万美元的业务。如果团队领导者每周有一天时间（全年都没有休息超过连续一周的情况下）专注于管理 800 万美元的业务以及创造 300 万美元利润，那他通过有效管理团队而带动整体创收，从而覆盖其个人少创收部分（20 万美元）的可能性有多大？

如果团队领导者有基本的管理技能，这个概率应该相当高（可能超过 99%）。若他每周有一天时间与 20 个人一起工作，却不能创造出这样的效益，那就只有一种选择：他应该辞去团队领导职务！

需要注意的是，我们并非提倡团队领导者要专职从事管理工作。正如在麦肯锡工作多年的乔恩·卡岑巴赫向我们指出的：

一个致力于积极为客户（特别是要求严苛的客户）提供服务的专业团队领导者，在指导他人时具备两个明显的优势。一是可信度高，团队领导者身体力行为客户提供服务，因此在指导他人时更有说服力；二是行胜于言，团队领导者的"身教"往往比"言传"更能够产生积极效果。

上文所计算出的结果其实基于我们最保守的估计。多年来，我们注意到许多专业人士，甚至资深的专业人士，花费了大量时间做本可以（在适当的监督下）委派给他人完成的工作。据我们的客户估计，其公司中占每位资深员工工作时间的 50% 甚至更多的工作，都可以由初级员工完成。

这意味着，**通过重新配置项目成员，团队领导者能够在继续负责其目前正在进行的项目并保持与客户沟通的同时，有足够的时间来担任教练和领导者的角色**。对公司和团队领导者来说，这些经济上的牺牲几乎微不足道。腾出时间以管理团队，可能只需要团队领导者将那些原本就可以（或者应该）委派给他人的工作分派出去。

得当的管理活动显然能够增加企业价值并提升业绩。如果你目前持有一家上市公司的大量股票，想象一下，这家公司刚刚发布公告，宣布解散管理团队，将原先管理团队所需付出的时间都投入到生产流程中。作为投资者，这对你来说是买入信号还是卖出信号？

为了避免事后分歧，我们需要清楚地了解（至少大致了解）团队领导者将花费多少时间来进行管理和指导活动。设定一个时间范围要求（下限和上限）是一种行之有效的方法，它可以帮助团队领导者明确应该投入多少非收费时间用于指导工作。下限和上限的设定都很重要，下限值代表公司管理层对团队管理重要性的认可和支持。上限值则意味着，超出此限度的额外时间，即便是用于团队管理工作，也不能成为团队管理者个人绩效下降的借口。

团队领导者被告知：

"我们希望你在未来一年内投入不少于 X 小时的时间用以协

调和指导团队工作。然而，我们也希望你投入的时间不要超过 Y
小时。我们期待你可以充分利用这些时间与团队成员一对一地交
流。你的指导任务是帮助他们实现个人职业发展目标，协助他们
完成自愿承担的各种项目，或是与他们一起拜访客户并帮助他们
开拓新的业务。"

2. 指导员工的权利

**团队领导者的价值主要源于他能够准确了解团队成员的表现，为他们
提供支持，并进行有效的跟进。**很多团队花费大量的时间和精力用于规划
未来的工作，但如果没有配套的跟进举措，所有的计划都将成为空谈。

作为团队的领导者，你的价值还包括发挥"提醒机制"的作用。你需
要督促团队成员完成手头的项目，并提供切实的帮助。同时，你还需要推
动那些具有实质性经济效益的项目的实施，以使整个团队受益。然而，你
不能想当然地认为，团队成员（或管理层）已经默许你有权进行这种非正
式、一对一的互动。

还有一种类似的情况，出于项目质量管控的需要，并作为榜样为团队成
员示范与客户沟通的技巧，你有权利去拜访他们的客户（最好是他们一起陪
同）。你需要确保这是在你职责范围内的一项工作，并且得到了团队成员的认
同。你需要划清辅导工作的行为边界，即哪些行为得到了（或未得到）认可。

在某些专业领域，团队领导者行使"干预权"是其理所应当的一项
责任。然而，在某些情况下，是否具备这项权利则需要协商明确。无论
在哪种情况下，都要避免盲目假设，应确保每个人都清楚理解并认可你的
权利。为了做到这一点，你应首先与公司管理层沟通，澄清自己的权利范
围，并得到认可和支持。在随后的章节中，我们还将讨论如何与你的团队
阐明这些权利。

3. 绩效评估标准及薪酬

我们认为，最明智的做法，是将团队领导者的薪酬激励与公司的最佳利益紧密联系起来。做到这一点并不难。衡量和评估团队领导者的绩效应主要考虑其团队的整体表现，其个人业绩则是次要的因素。尽管团队领导者仍需要直接参与项目并努力创收，但其个人业绩不应再作为考核的主要因素，团队整体业绩的提升才是领导者成功履职的表现。最理想的情况是，他们在能够帮助团队取得成功的同时，还能做出令人满意的个人业绩。两者无法兼顾时，帮助团队取得成功则应是优先要务。

由于种种原因，这种简单的考核方案在许多公司尚不可行。这些公司更加青睐那些全力以赴、能够"满负荷"工作的员工，他们的工作成果通常以产量来衡量，而这又是唯一的评价指标。为了避免大幅减少团队领导者的创收时间，这些公司会考虑增加更多的"教练"，每名教练只需花费少量时间与一个小团队合作。这样做的好处是小团队（比如五人小组）更易于协作，同时教练还能兼任选手的角色。

每位团队领导者都应确信，自己为团队做出的贡献将会在个人绩效评估中被赋予主要的权重。使团队领导者专注于管理任务是非常必要的；而团队中的其他成员也要明白，虽然团队领导者个人的业务工作少了，但这并不意味着他因此"偷懒"了。

在薪酬方面，团队领导者不应被授予所谓的"岗位薪酬"。**担任团队领导者的人不应仅因其担任此项职务而获得更高的薪酬。应该根据他们提升团队绩效的实际表现来决定他们是否可以获得更高的薪酬，而不能仅仅因为他们担任领导职务就给予他们更高的薪酬。**

如果为团队领导者设立特殊的"岗位薪酬"，可能会引发团队内部的矛盾。因为团队其他成员会担心或默认团队领导者只关心如何增加其个人的报酬和薪资，偏重自己的客户事项，忽视团队利益，并搁置其作为教练的责任。所以,在某些情形下,团队领导者面临的问题并不在于薪酬本身,而在于如何保护好团队的整体利益。

4.对团队成员薪酬的话语权

团队体系建设过程中的一项重要因素是,团队领导者应当在公司的绩效评估和薪酬体系中拥有话语权,能够提出自己的意见和建议。

团队领导者的主要任务是指导团队制订工作计划,并督促每位团队成员按计划开展工作(这是最重要也是最耗时的)。团队领导者应该被鼓励依靠个人魅力、人际影响力和鼓舞人心的愿景来确保团队成员各尽其责。

现实情况下,上述工作不总是一帆风顺、水到渠成的。团队领导者仍然需要应对偶发的团队成员的抵触或违规情况,比如拒绝参加团队会议或者失信于人。

那么,团队领导者应该怎么做呢?最好的办法是要求每位团队领导者对公司的绩效评估和薪酬体系提出正式意见。在我们看来,这并不意味着团队领导者有权决定团队成员的薪酬,或者成为绩效评估的唯一依据。但团队领导者应当有机会就每位团队成员对团队业绩所做的贡献发表意见。

卡尔·克里斯托夫(Karl Kristoff)曾担任霍奇森·拉斯律师事务所(Hodgson Russ)的副总裁,他在谈及为员工薪酬提供意见时提到:

> 我们公司的业务主管能够参与确定个人的薪酬。过去,他们在这方面没有太多的话语权,但现在情况发生了变化。这种改变是公司整体文化转变的一部分。比如在今年的薪酬决策中,我们采取了一种新的方法来评估员工的贡献。各团队的领导者都与公司薪酬委员会进行了会面,从创收能力和其他各个维度,详细说明了每名员工的工作表现。

5. 重视每个人的非收费时间

团队领导机制的重要一环，是公司必须坚定地向员工表明，公司重视所有团队成员（不仅仅是团队领导者）投入的非收费时间（无法用以直接产生收入的时间），公司重视这种投入，也会监督其所涉及的各项活动，并将其作为绩效评估的必备要素。

为了取得未来的成功，团队所做的大部分工作都涉及将非收费时间投入到为企业长远发展奠定基础的各项活动中。常见的例子包括各类营销活动、工具开发、培训授课等。

遗憾的是，在许多公司中，经常会出现下述情况。团队开会制订了一个不错的关于市场营销、培训和工具开发的计划。几周后，团队领导者询问某位团队成员："嘿，弗雷德，你答应要写的那篇文章进展如何？"弗雷德回答："嗯，我还有一些客户工作要处理，所以忙得没时间写。客户工作优先于其他事项，对吧？至少薪酬委员会是这样认为的，所以那篇文章我不得不先放一放。抱歉，领导！"

就这样，这篇文章可能永远都无法完成，其他团队成员的理由同样如此。他们还不如不开计划会议，还不如不加入团队，也不需要有一位领导者。

上述问题的关键并不是工作时间的增加，因为每名团队成员都已经付出了一些（有时是相当多的）非收费时间。问题的关键在于，团队的意义是每个成员都愿意为团队贡献出自己的一部分非收费时间，并认真履行自己做出的承诺。他们不需要承诺太多，但要信守承诺。在团队中，每个人都需要承诺投入与其他人大致相当的非收费时间。避免只有一部分人承担大部分的工作，或者只有一部分人享受团队协作带来的好处。

需要注意的是，团队成员首要的义务与责任既不针对团队领导者也不针对公司管理层。团队成员的责任是履行对整个团队的承诺。团队领导者

（和公司管理层）扮演的是提醒者的角色，需要监督和帮助团队成员信守承诺。

6. 你希望从公司领导那里得到的支持

团队领导者及其团队成功的一个关键要素是公司管理层对团队的关注、承诺和支持。如果你的公司尚未建立起关于团队协作和团队领导力的良好机制，那么这一点尤为重要。为了更好地履行职责，你希望从公司管理层那里得到哪些支持？

公司管理层应该：

- 高度重视并持续宣传团队的有效运作是公司的一项优先要务
- 鼓励不积极参与的员工融入团队
- 主动参加团队会议
- 做一名热情洋溢的啦啦队队长
- 成立团队领导委员会
- 安排定期的进度评审会议

（1）高度重视并持续宣传团队的有效运作是公司的一项优先要务

公司管理层只有亲力亲为地持续予以支持，才能使一项举措获得它所需的关注。他们首先必须明确传达，建立高效运作的团队对公司至关重要。公司管理层需要让每名员工都清楚地知道高绩效团队的重要性，以及它对于公司、（更重要的是）对于个人职业发展的益处。

公司管理层必须持续宣传，直到这个意识已经深入人心。第一次讲，大家能听到；第二次讲，大家能理解；第三次讲，大家会相信。如果公司管理层不再提及，大家可能会认为管理层并非真的重视。良好的沟通不一定能保证成功，但糟糕的沟通（或者管理层放任不管）很可能导致失败。

（2）鼓励不积极参与的员工融入团队

当务之急是引导团队中的那些意见领袖融入团队。如果公司领导能够说服他们，让他们相信建立高效团队的必要性，其他人很快也会认为这是一件值得支持的好事。具体应该怎么做呢？想办法让这些同事置身其中，让他们以对其有意义的方式参与进来。如果行不通，那么公司领导的个人呼吁，至少能够减轻这些同事对团队运作可能产生的负面影响。另外，也可以请他们就如何建设团队提出一些积极的建议（我们在第9章中会详细讨论如何应对那些自以为是的人）。

（3）主动参加团队会议

对公司管理层来说，最强大的管理工具就是关注。他们所关注的并愿意为之投入时间的事务通常被认为是重要的。**如果公司管理层主动提出以"外部观察员"的身份参加团队会议，那么这样的热情是无可取代的。**

公司管理层应该看一下他们的日程表，确定在接下来的一个月里可以参加多少场团队会议。公司领导的出席将向团队表明，他们对目前的进展很感兴趣。通过全程参加会议，他们能够在观察团队的互动方式以及发现重要问题方面获得一手经验。

（4）做一名热情洋溢的啦啦队队长

公司管理层第二个有力的管理工具就是扮演啦啦队队长的角色。公司领导应该与每位团队领导者谈谈他们旁听其他团队会议时的观察和体会。这样做不仅能够体现管理层的重视，还可以向那些未曾召开过会议的团队领导者传递一个信息：管理层在认真践行他们对于支持团队建设的承诺。

公司领导应向团队领导者及其团队成员发送电子邮件，对会议中提出的好的行动倡议予以肯定，并表示期待在下次会议上听取进展报告。这将积极推动团队成员落实其主动倡议的工作安排。

（5）成立团队领导委员会

越来越多的公司开始认识到在促进公司各部门、团队和业务线之间实现信息互通和知识共享方面所面临的挑战。许多公司都成立了某种形式的"团队领导委员会"，至少每季度召开一次几个小时的会议，回顾和讨论各团队的工作情况。有了这个委员会作为沟通平台，团队领导者可以借此分享他们共同的经验和挑战，从而相互帮助。

（6）安排定期的进度评审会议

公司管理层应该每半年安排一次所有团队领导者参加的进度评审会议。这类会议旨在讨论工作进展，收集行动计划的反馈，并提出改进建议。通过提前设定会议日期，管理层可以向每位与会者传达他们对于报告内容和具体成果的重视。

团队领导者的工作问题清单

1. 我用于团队管理活动的非收费时间的上下限分别是多少？

2. 我和团队成员、公司管理层能否就我作为团队领导者与团队成员（及其客户）互动的权利边界达成共识？哪些是可接受的？哪些不是？

3. 我可以在多大程度上确定，自己为团队做出的贡献将会在绩效评估中被赋予全部或主要权重？

4. 我是否可以就每个团队成员的绩效评估提供意见，而且无论成员的个人业绩如何，我的意见都能得到认真考虑？

5. 公司管理层能否在内部传达以下意见——利用非收费时间开展的工作会受到重视和必要的监督，并作为个人绩效考核的重要因素，而且团队领导者可以就此提供他们的评价意见？

6. 公司管理层能否在以下几个方面支持我的工作？

1）强调公司建立高绩效团队的重要性，明确我作为团队领导者的具体职责和权利。

2）积极鼓励每位成员，让他们主动成为团队中的一员。

3）公司领导出席团队定期会议。

4）对取得工作进展的团队予以鼓励和表彰。

5）成立团队领导委员会，促进沟通和信息共享。

6）安排定期的进度评审会议。

| 第三章 |

逐步建立人际关系

你必须具备哪些关键技能？

作为团队领导者，你的专业知识和业务能力只是领导力的一个方面。真正决定你能否有效引领团队的关键在于你的人际关系、社交技巧和情绪管理能力。

我们曾经访问过许多专业人士，让他们谈谈自己对最信任的教练、老师、顾问或领导的看法。我们想了解什么样的特质和行为会让他们相信这个人是值得信赖的，可以对其敞开心怀。以下是我们一些客户的回答：

> 对我而言，一名杰出的团队领导者的重要特征之一是他们真正关心你的生活。例如，当你告诉他们个人生活中发生的重要事情时，他们会跟进并询问事情的进展。

> 任何人都可以告诉你要振作起来。当事情进展得不顺利时，很多人会这样做，因为这能让他们自我感觉良好。然而，当某个重要项目因为你的突出贡献而进展顺利时，看看有谁会毫无保留地认可你的成就。真正的教练会因为你出色的表现而感到自豪，

而不会嫉妒你的成功，也不会在背后将功劳据为己有。

在需要你挺身而出的危急关头，大多数人都将低头维护自己的利益。然而，值得信赖的顾问是那些支持你并且会想出办法来帮助你的人。

一名真正的教练是一个诚实的人。他总是直言不讳，不担心你会心存不满，只要能帮到你，他就会坦诚相告。

你能否成为一名可靠的团队领导者，更多地取决于你自己，而非你所领导的团队成员。**特别是作为领导者，你的成功将取决于你是否被你的团队成员视为一名值得信赖的顾问。当你能够建立起与团队成员之间的信任关系时，即使你会犯错，团队成员仍然会将你视作值得信赖的顾问并听取你的建议。**但如果他们认为你只是试图扮演老板、监工或技术专家的角色，给他们的工作挑刺，那么你注定会失败。

作为团队的领导者，与同事进行沟通时，你需要像对待最重要的客户那样，谨慎地考虑措辞，并选择合适的表达方式。在进入同事的办公室之前，请你深呼吸并问问自己："我为什么要找他？我想要达到什么样的目的？"

下面是另一些你应当询问自己的问题。

1）你负责指导的同事中有多少人将你视为值得信赖的顾问？

2）你是否真的欣赏你所指导的同事，他们知道你欣赏他们吗？

3）你所指导的同事是否认为你能为他人着想？是否认为你特别关心他们？

4）你是否有能力帮助你的同事勾勒并实现他们的梦想？

5）你是否愿意投入时间去建立牢固的人际关系？

6）同事是否愿意在你面前坦陈他们的不足？

7）你的每一项举措和建议，是否都充分考虑了对方的最佳利益？

1. 你负责指导的同事中有多少人将你视为值得信赖的顾问?

值得信赖的顾问通常具备哪些特质?是什么让一个人成为他人愿意向其寻求建议、指导和忠告的对象?

在《值得信赖的顾问》一书中,大卫和他的合著者列出了他们眼中值得信赖的顾问通常具备的特质,清单如下(这里将该书中原本适用于外部客户的视角,略改为适用于团队成员的视角)。

1)看上去可以毫不费力地理解我们、欣赏我们。

2)始终如一,我们可以依赖他们。

3)总能帮助我们从全新的视角看待问题。

4)不会试图将他们的想法强加于我们。

5)帮助我们对问题进行充分考虑,让我们做出自己的决策。

6)不会用他们的判断来取代我们自己对事物的判断。

7)从不惊慌失措或者情绪激动,总能保持冷静。

8)帮助我们保持理性思考,避免情绪冲动。

9)温和地、充满善意地对我们提出批评建议,帮助我们改进。

10)直言不讳,我们始终相信他们会知无不言。

11)目光长远,比起眼前的问题,更重视建立和维护彼此的长期关系。

12)不但让我们知其然,更让我们知其所以然,帮助我们独立思考。

13)提供不同选项,帮助我们深入对不同选项的理解,提出他们的建议,但最终把选择权留给我们。

14)挑战我们的假设,帮助我们甄别出那些我们一直奉行的错误假设。

15)认真严肃地对待工作,但同时又让我们感到轻松自在。

16)在我们面前是个有血有肉的人,而非只是某个特定的人设。

17)坚定地站在我们一边,总是把我们的利益放在心上。

18)不需要参考笔记也能记得我们之间谈过的每件事情。

19）为人处事正直体面，不会在背后议论他人。我们相信他们所秉持的价值观。

20）会通过对类比方法、故事和典故的使用来帮助我们认清具体问题和前因后果（因为真正前所未有的问题少之又少）。

21）在困难局面下能够用幽默化解紧张气氛。

22）有时比我们更聪明机智。

基于上述清单，请你思考下面的几个问题。

1）你是否赞同这些都是客户认为值得信赖的顾问所应具备的特质？

2）你是否赞同这也是你的团队成员将会欣赏的特质？

3）你是否赞同，作为团队领导者，若你以上述方式行事，团队成员将更愿意受到你的影响？

4）根据清单，回顾并评估自己在引导、鼓励和监督他人方面的实际表现。

当然，你会注意到其中几项涉及智力方面的能力（例如，总能帮助我们从全新的视角看待问题）。此外，你会发现还有其他许多要求涉及情感关怀、社交互动、人际关系和沟通技巧。值得信赖的顾问无疑是一个充满挑战的角色！

值得信赖的顾问会帮助团队成员以全新的视角看待问题。需要注意的是，这与直接告诉成员该做什么是不同的。其价值在于，这样的顾问能够以一种团队成员之前未曾考虑过的方式来帮助他们审视问题。他并不试图把自己的想法强加于人。他会说："你有没有考虑过这个？你有没有想过那个？如果我是你的话，也许我会认为这是个不错的主意。"

罗恩·丹尼尔（Ron Daniel）在1976～1988年间担任麦肯锡公司的董事总经理，他曾在一次麦肯锡董事会议上提到以下内容。

谈到团队领导者及其成员的关系，我的观点很简单，我相信如果团队领导者想发挥自己的作用，让他人心甘情愿地追随自己，要做到两点：①因专业而获得尊重，②赢得他人的信任。

尊重和信任只是带领团队的基本前提，除此之外，团队领导者还需要做出实际行动：①愿意投入时间和精力，帮助初级员工实现职业发展；②给予初级员工真挚的人文关怀。

积极而定期的沟通可以促进团队领导者及其成员之间的相互理解与合作，增强团队凝聚力。

成为一个团队领导者需要具备的特质和技能有很多，其中有一项至关重要：你试图影响的人是否信任你给出建议的动机。如果对方认为你在真心帮助他，他就会倾听你的意见；但如果对方认为你只是为了彰显自己而唠叨个没完，他就会产生抵触情绪。

2. 你是否真的欣赏你所指导的同事，他们知道你欣赏他们吗？

如前文所提到的，值得信赖的顾问是那些对客户有好感，愿意与客户同心协力的人。**那么，你是否真正欣赏你所帮助和指导的同事呢？他们是否也认为你对他们有好感呢？如果缺乏相互之间的情感联系，不论你的指导多么严谨，你作为领导者的影响力也会大打折扣。**

当你需要指导一个你并不喜欢的人时，你应该如何处理？你可以更加积极地看待这个问题——专注于对方身上好的一面并尽力忽视那些你不喜欢的部分。有人曾说，最好的表演不是刻意表演，而是要找到角色的性格中最能引发自己共鸣的部分，并忽略其他一切。你不必喜欢对方的所有方面，但若能找到能够产生共鸣的一点，将全部注意力集中在此，便能实现必要的共情。

你能做到喜欢每个人吗？不能。但是如果你从一个人身上找不到任何值得欣赏或者能产生共情的地方，那么你就无法对他进行指导。我们接触过一些团队领导者，他们告诉我们，他们并不喜欢他们团队中的某些人。他们问："我该如何与这个笨蛋相处？"我们的回答是："如果你认为他很蠢，那么你能做的可能确实有限。"除非你能找到一些可以感同身受的细节，否则你无法对他产生任何影响。现实的确很残酷。如果你从心底里看不起某些人，你就难以对他们施加影响，因为我们大多数人的好恶都写在了脸上，不是每个人都善于掩饰。

3. 你所指导的同事是否认为你能为他人着想？是否认为你特别关心他们？

团队领导者或值得信赖的顾问所需的技能，是后天习得的还是与生俱来的呢？与大多数生活技能类似，我们可以用"10-80-10"规则来解释这个问题。对于大多数技能，有10%的人是天生就会的，他们不需要专门的学习，他们一直就是这样做的。另外10%的人永远学不会，因为他们根本就不想学。就算让他们读完所有的书，他们还是无法掌握，因为他们抵触学习。好消息是，我们大多数人属于中间的80%。我们虽然没有天赋，但也没有"彻底躺平"，如果得到适当的指导，我们是可以习得新技能的。

对团队领导者或值得信赖的顾问的一项关键要求则是无法通过教育或培训来传授的，即他需要被同事认为是诚实、可靠、值得信赖、始终如一以及为他人着想的。这不是对行为的描述，而是对性格的描述。大卫在全球范围内开展的一项研究显示，最成功的管理者并不仅仅因其信念和行事方式而著名，而是因他们内在的人格品质而著名。

如果同事心目中的你是一个值得尊敬、值得信赖、诚实正直、关心他人的人，而且你因此被选为团队领导者，那么恭喜你，即使你犯了不少错误，你也会被大家原谅。如果你在同事心目中不具备这些特质，那么无论你读多少关于领导力的书也无济于事。对工作多年的成年人而言，性格是很难改变的。

很多团队领导者都没能做到这一点。他们不是发自内心地关心身边的同事，对团队成员的指导也只是想要提高团队的财务绩效，而不是想帮助团队中的个人。他们中的一些人甚至不喜欢自己的同事，极端一点，他们中的有些人认为同事只是按工时计费的"工具人"。

一个眼睛里面只看得到工作，对团队成员的个人事务毫不关心的领导者，其影响力是十分有限的。如果他想对同事有所影响，他就必须让同事相信，当他对同事提出批评或建议的时候，他是真的在关心同事。也许他并不喜欢同事的全部，但他必须在乎同事。我们可以用客户关系来解释这一点。如果客户觉得你关心他，你对他的影响力会更大。你不必喜欢他的一切，但你必须关心他，在意他能否取得成功。

每次你参加会议时，在脑海里默念这句话：

"我开会的目的是帮助这个人，我开会的目的是帮助这个人，我开会的目的是帮助这个人。"

如果你只有在同事认为你关心他们时才能发挥影响力，那么你有两个选择：**要么你真的关心他们，要么你非常善于伪装**（让别人觉得你在关心他，但实际上你一点儿也不在乎）。世界上只有少数"天生的伪装者"可以做到这一点，而我们大部分人都不行。这就是团队领导者的工作极具挑战性的原因。

4. 你是否有能力帮助你的同事勾勒并实现他们的梦想？

要影响别人，你必须让他们发自内心地想要去做某件事。这如何实现呢？戴尔·卡耐基（Dale Carnegie）为我们揭示了其中的奥秘："谁能让他人拥有梦想，谁就能征服世界。"能够激发他人潜能的主要驱动力在于让他们对自己的梦想怀有强烈的渴望。仅靠"你应该奋斗！"一句话是没有用的，你需要帮助他们创造出值得为之付出的梦想。

"你希望参与这样的工作吗？你希望与这样的客户合作吗？你希望成就自己的行业声誉吗？让我们谈谈三年后你想达到什么样的水平：你的工作和生活怎样能变得更好？你希望拥有哪些目前还在为之努力的东西？"

你期待的回答是："哇哦，这真的可能吗？"然后你说："我们一起合作，梦想也许触手可及。"这样做的目的是让对方选择一个目标，一旦他们设定了这个目标，你就有了敦促他们努力实现目标的权利——你可以把它叫作"唠叨权"。假设你的某个团队成员说："我想在这些领域提升自己，发挥我的专长，然后在三年内做到这几件事。"那么你可以说："那好啊！我们探讨一下怎么达成这些目标。你觉得第一步应该怎么做？你觉得我该怎么做才能帮到你？我们一起聊聊。"

如果你能和团队里的每个人都讨论他们想要实现的职业生涯的目标，并且帮助他们确定第一步该怎么做，那么一个月后你就可以关心一下，比如问对方："对了，你说要写的那篇文章怎么样了？"

你需要深入了解团队中的每个人，帮助他们制定个性化的、具有挑战性的目标，只有这样才能让他们满怀激情地迎接挑战。他们必须相信所做的一切是为了自己，因为这是为了他们自身的最大利益，而不仅仅是为了公司或团队。如果你做不到这一点，你的领导工作就永远不会有成效。

5. 你是否愿意投入时间去建立牢固的人际关系？

你的同事是否愿意接受你的指导取决于你和他们之间是否建立了人际纽带。是的话，他们会接受你的建议，或者至少会倾听。如果彼此没有任何关系，仅仅出于某种交易，他们会假装倾听，但内心却一直在抵触。

人与人之间的关系，无论是在工作场合中还是在个人生活中，都遵循相似的原则。**你可以问问自己：在你的个人生活中，有哪些行为、秘密和规则可以帮助你建立起和伴侣之间稳固、深厚且长久的情感联系呢？**简而言之，你如何建立一段良好的关系？我们提出这个问题后，从一些专业的团队领导者那里得到了以下回答：

1）耐心地成为恋人的倾诉对象，不要急于评论。先倾听，再回应。

2）努力倾听，用心理解。

3）偶尔制造惊喜，不要将彼此的付出视为理所当然。

4）讨论你们共同的价值观。

5）坦诚、开放、频繁地交流。

6）花时间彼此陪伴，不带任何目的。

7）定期表达你的感激之情，但不要流于形式。

8）寻找共同的兴趣爱好。

9）防微杜渐，及早发现问题并尽快予以解决。

这些用于个人感情生活的相处之道，是否同样适用于工作中的人际交往呢？你还能想到哪些与朋友、恋人以及家人建立关系的原则？你是否会在工作中运用相同的原则？你是否会像对待亲朋一样，把同样的关心、支持、同理心和忠诚给予你的团队成员？这些问题并不是要站在道德的制高点上来告诉你"应该"做什么。关键在于，如果你能做到这些，你对他人的影响力就会更大。

你可以从以下四个方面来检视一下自己。

（1）让他人感受到你的关心

在恋爱关系中，人们会通过提问、倾听、让对方表达观点等方式来表现对恋人的关心。换句话说，如果只顾表达自己的想法，目的性过于明显，就很难建立起关系。一次成功的谈话需要让对方能够谈论他们感兴趣的话题。这不代表你不能尝试开启自己的话题，而是要考虑时机的选择。

（2）了解你的同事

要建立一段新的关系，你需要尽快了解对方。这样你才知道该使用怎样的表达方式和行为方式来让自己产生影响力。

（3）在正题之外做足"功课"

请同事一起出去喝杯酒、喝咖啡，让他们聊聊自己的生活、爱好，然后你就闭嘴！你只需要倾听。你对他们了解得越多，知道他们喜欢什么、不喜欢什么，对什么有感和无感，你就越能找到可以打动对方的切入点。要努力找到你们之间的共通之处。你可以有自己的目标主旨，但在做足上述这些"功课"并获得同事对你教练角色的认同之前，不要急于切入正题。

（4）主动给予

如果你想在一段感情关系中赢得对方的信任，那你需要试探一下水温，先迈出第一步，比如做一些善意的举动。你如果没有首先主动给予，通常也很难从对方那里得到你想要的。所以，这就又回到我们先前的结论，在你要求别人改变行为之前，你得先问问自己怎样才能真正帮到他。

这种互动不能成为一场功利性的交易——"只要你为我办好这件事，我就帮你解决那个问题。"这种方式太粗俗了，而且行不通。也不能变成"我现在帮助你，我马上要得到这个"这种局面。要建立良好的人际关系，你需要展现出你愿意为这段关系而付出的诚意。

6. 同事是否愿意在你面前坦陈他们的不足?

如果别人不愿意在你面前讨论他们的不足或弱点,你很难成为一名合格的领导者。要判断自己是不是一名称职的团队领导者,有一个简单的办法:通常情况下,是你的同事主动来找你,还是你总去找他们? 只有当你稳重可靠、心平气和、乐于助人时,他们才会主动来找你,并在你面前坦陈自己的不足之处。

克利夫·法拉赫(Cliff Farrah)是一位经验丰富的战略咨询顾问,曾在凯撒咨询(Kaiser Associates)、甲骨文(Oracle)、科尔尼(A.T. Kearney)、EDS 等公司工作,拥有丰富经验,他曾这样说:

> 有个办法可以让员工主动承认他们的不足和弱点,就是根据他们坦陈问题的时间来调整你的回应方式。我有一条"免责条款",只要问题尽早提出,我绝不苛求并会全力支持。没有人是完美的,只要及早告知,大部分问题都可以得到解决,个人的不足都能通过团队合作来弥补。我还没有遇到过无法解决的情况。但如果对方不肯承认自己的过失或不足之处,而导致执行过程中暴露出问题,那我就会让他们如坐针毡——在我的团队中,这种情况现在很少发生了。我倡导使用"胡萝卜"(即给予奖励激励)的方式管理团队,但我也时刻带着"大棒",以防万一。

大部分指导工作都与情绪调整有关。如果你能够激发他人的内在主动性,那你的工作基本上已经完成了90%。告诉他们如何去做并非难事,重点在于帮助他们克服内心的不安或担忧。如果他们表现出紧张情绪,简单地安慰说"别担心"是不够的,你需要帮助他们克服内心深处的恐惧。

一名好的领导者要有情感上的勇气。这意味着你必须要做一个有血有肉有感情的人，而不仅仅是扮演刻板的领导者角色。**很多人，当他们第一次走上领导岗位时，才发现原来这项工作还需要大量的情感投入。管理工作就像坐过山车一样。**但要很好地完成工作，你必须始终保持稳定的心态。有时候，一个人跑来告诉你一个紧急事件，另一个人也跑来告诉你一个突发状况，保持一颗平常心是很难的。

一旦你表现出情绪化的行为，你就完了，因为领导者是团队情绪的放大器。某个团队成员遇到了点小问题，这没什么要紧的。但如果团队领导者说我们遇到麻烦了，那所有人都会认为公司要破产了。或者，当你觉得某件事进展特别顺利时，其他人就会懈怠下来，心想："好了，我可以不用这么卖力了。"

大卫在《专业主义》这本书中介绍了成功的团队领导者所需具备的特质：

作为领导者，如果你要做的是影响和激励我们，那么你必须用你的热情感染我们。（我说的不是唯独对金钱的热情。）如果我准备好追随你并接受你的影响，那么我希望你对我们的工作充满热情，对客户和他们的问题乐此不疲，对追寻有意义的结果从不懈怠。如果赚钱是你唯一的目标，那么你不会成为一名好的领导者。（也许你会成为一名优秀的财务管理者，但一定是一名糟糕的领导者！）

我不希望部门（或公司）的领导者是个冷酷无情、精于算计的"商人"。我理想中的领导者，是一个关心客户、关注质量，也在意公司的资深员工与初级员工的人。他的上任是为了给别人的生活带来变化，而不是为了谋求职位、头衔或者权力。我希望他的到来会让大家感受到"自从他上任以来，工作氛围变得更好，工作起来更加带劲。每一天都在不断印证我们有共同的价值观，一切都有着日新月异的变化"。如果有这样的领导者，我会心悦诚服地追随他。

7. 你的每一项举措和建议，是否都充分考虑了对方的最佳利益？

没有人会喜欢一个自以为是的领导者。所以要做一名好的团队领导者，你需要让别人知道你不是无所不知的。你需要向你的团队敞开心扉，坦陈自己的不足，承认自己的弱点。如果你能这么做，大家会认为你是一个真诚可靠的人。提出建议的一个不错的方式是（在你坦陈了自己的不完美之后）告诉对方："有些事情我不知道，有些事情我知道。这是我所知道的事情"。

在《言行一致》这本书中，大卫介绍了团队领导者创造成功的团队文化的做法。

1）从不放弃努力。

2）表现出你希望每个人都取得成功。

3）主动帮助别人提升自我。

4）允许团队成员尝试不同的技能，体验不同的经历。

5）信守承诺。

6）忠于理想，坚守使命。

7）永远不要居高临下，不论对方资历深浅。

8）通过引导而非发号施令来达成目标。

9）有功则赏。

10）以身作则，发挥榜样的作用。

11）管理方式因人而异，你不需要八面玲珑，但也不能随心所欲。

12）展现出热情和干劲，它们有感染力，能让人上瘾。

13）把工作当回事儿，但别把自己当回事儿。

14）不要把自己关在办公室里，走出来了解每个人。

15）要时常讲述你的愿景和理念，让大家知道你的立场。

16）让大家知道你是有感情的人，而不仅仅是团队的领导者。

在很多成功的企业中，还有一张更长的清单，列明了期望团队领导者还需具备的以下品质。

1）要求严格，但要确保这是为了团队的共同利益，而非个人好恶。

2）愿意放弃短期利润，来营造令人满意的工作环境。

3）围绕现有成员来组建团队并定位其角色，然后再去填补团队人手的空缺。

4）在保持专业的同时，创造一个轻松、协作的工作环境。

5）做好沟通的"桥梁"，促进团队与其他部门之间的合作。

6）让团队成员相信，当危机发生时，公司会给予他们保护和支持。

7）对于团队成员正在经历的事情保持同理心。

你应该从哪里开始

你的行动计划应按以下步骤展开。

1）安排时间与每个人进行非正式会面（无具体议程）。

2）讨论他们的职业目标、抱负和愿望。

3）寻找获得"唠叨权"的机会。

（1）安排时间与每个人进行非正式会面

你每周都要留出几个小时来和团队里的每位成员进行非正式的交流，包括资深员工和初级员工。请尽量低调行事，循序渐进。

谈话时机要尽量让人觉得很随意，并非刻意为之。比如，你可以正好路过某人的办公室，询问他的近况（"你最近手头忙什么呢？"），表达你的关心（"需要我帮忙吗？"），并采取支持行动。**你同意采取的任何行动都要立即跟进，让人们看到你是可靠的，他们可以信赖你说的话。**团队领导者言出必行，说到就会做到，这会为团队树立一个强有力的榜样。

以下是你在与团队成员相处时，可以进一步提出的具体问题。

1）为了让事情进展得更加顺利，我能为你做些什么？

2）为了帮助你充分发挥自己的能力，我能为你做些什么？

3）我能做些什么，来帮助你节约时间或者帮你补足短板？

你可能不会想要逐字逐句地把这些问题念出来。不要机械地发问，用词也不用太过正式，重要的是通过这些问题传达出你想要提供帮助和支持的意愿。要经常走出办公室和大家交流，三天打鱼两天晒网的沟通是不会收获实际效果的。如果你之前从来没有这样做过，你要意识到大家一开始都会以一种怀疑的眼光看着你。但是你要坚持这种非正式的沟通，只有等到你的这种交流成为习惯，而且也确实带来了成效时，你和团队成员的人际关系才算真正建立起来。你需要传达的信息是，你不是在作秀或者挑刺，而是想与他们建立起真正的联系。

（2）讨论他们的职业目标、抱负和愿望

在那些最成功的公司中，你能明显感觉到每个人都有明确的职业规划。每个人都在认真思考他们在职场中的价值，思考如何才能脱颖而出，并为此制订了明确的计划。

在这样的环境里，团队的建立能够进一步增强个人积极的、有方向感的努力。遗憾的是，在大部分团队中，很多人并没有这样明确的职业发展计划。**作为领导者，你的任务并不是替每个人写一份职业发展规划，而是要引导他们为自己制订计划。**要达成这样的目标，你要做的就是和每个人都进行一对一的闭门讨论：

"未来几年，什么会让你在市场上与众不同（或更加与众不同）？你希望在某个特定的技术领域、细分行业或某类客户业务上成为专家吗？你或许可以在其中任何一个领域达到顶尖的专业水平，但不能同时在所有领域都做到这一点。选择权在你。我能做的，就是不断帮助你变得更专注、更投入——选择一个职业发展目标，并朝着你所选择的目标为之奋斗。"

通过这样的谈话，团队领导者把选择权交给了每个人，让他们决定自己职业生涯的方向，而这也是他们应该做的。通过要求每个人思考和作答，团队领导者能够确保每个人都有明确的方向，并有持续努力实现自己目标的动力。接下来，可以围绕对个人发展目标、职业战略、专业特长或卓越标准有共同愿景的成员来组建工作组（teams）。

理论上讲，这种做法可能会导致一个后果，就是每个成员追求的卓越愿景都各不相同。但在实践中，这种情况极少发生。提出问题的领导者不会对大家的回答照单全收。他会扮演一个友好的评论家的角色。比如，他可能会指出某个人选择了一个没有其他人想从事的领域，然后他会继续提问："你真的想要尝试独自发展这个领域的专业实务吗？你的一些同事正在致力于深耕相关领域，加入他们的工作组是否也能实现你的抱负？"

通过这种方式，一组工作组可以在个人的热情中组建起来。**正如我们遇到过的一位优秀经理人告诉我们的："我宁可要一组棘手的由狂热分子组成的工作组，也不要一条条看似有序但每个人都只是固定螺丝钉的流水线。"**

问问你每一个团队成员：

1）他们认为怎样才能在竞争激烈的职场中拥有独特竞争力，为客户创造更大的价值？

2）他们认为团队和公司应该提供什么样的支持，以帮助他们实现所期望的独特竞争力？

3）他们认为哪种专业培训和个人发展计划对他们有益？

4）他们认为迄今为止给他们带来最大成就感的一件事（无论是在工

作还是在生活方面）是什么？

5）初入职场时，他们最大的梦想是什么？现在他们最引以为傲的是什么？

6）他们在工作之外有什么兴趣爱好？家庭状况如何？配偶从事什么工作？家庭对他们的职业发展有多大支持？

7）他们个人认为一个有效的领导者应该具备哪些特质？

8）他们是否真的希望获得一些指导？如果是的话，在哪些方面？

9）他们个人认为你的优点和缺点是什么？

10）他们个人认为团队中其他同事的优点和缺点是什么？

11）他们认为团队目前的总体表现如何？有何改进建议？

了解了这类信息后，你应该能更好地决定，作为一名团队领导者，自己可以做些什么以帮助团队成员实现其目标。

（3）寻找获得"唠叨权"的机会

我们每个人都会制作"心愿清单"，列出打算做的事（但我们通常都做不到）。问问自己，怎样才能激励我们真正行动起来呢？对大多数人来说，答案是将自律和某种形式的外部约束相结合。**我们必须自愿地、有意识地给予某人"唠叨权"，以使我们诚实地面对自己设定的目标。**

罗伯特·E.吉尔伯特（Robert E. Gilbert）是底特律一家老牌律所 Miller Canfield Paddock and Stone 的律师，他曾指出：

> 问题在于，对许多专业服务领域的人来说，言语即行动。他们靠"说话"或"写作"谋生，这是他们所从事的行业的特点。但在管理方面，说得再好也不如行动来得实际，必须克服大多数专业人士因多年教育和培训而强化形成的职业惯性——以言代行。因此，我的挑战就是激励团队采取行动。

　　"唠叨权"不一定都是负面的或惩罚性的。事实上，只有当它不带负面感受时，它的效果才是最好的。关键在于个人是否自愿接受约束，就像运动员会主动希望得到教练的严格指导一样。教练总是会要求选手挑战极限，在他们已经精疲力竭的时候还要求再多练一次，再多试一次。而选手之所以允许教练严格要求他们，是因为目标是他们自己选的。这相当于选手说："我相信我的目标。我要忠于它。如果有必要，请你严格督促我，让我尽我所能。"只有这样，才能取得卓越的成就。

| 第四章 |

勇于激励

如何激励他人？

释放团队成员的潜能，是让团队取得最佳绩效的方法，这不能通过管理或者领导的方式来实现，而是需要通过激励的方式来实现。

关于领导力的文章不计其数，它们的内容涵盖方方面面，从每个人都能成为领导者，到领导法则的不变之道，等等。尽管这些文章可以为那些在艰难处境下的团队领导者提供些许帮助，但它们似乎都无法充分挖掘究竟是什么原因使得马文·鲍尔（Marvin Bower）领导麦肯锡成为世界上最著名的管理咨询公司；也很少能够解释，高盛集团一代又一代受人尊敬的领导者，是如何引领其成为如今全球最强大的金融巨头的。虽然我们中可能很少有人能够拥有如此高的成就，但遗憾的是，也很少有人对此怀有强烈的渴望和追求。

正如通用电气前董事长兼首席执行官杰克·韦尔奇所说：

> 领导者的工作就是让他周围的人建立起自信，让他们感觉自己充满力量。领导者要和他身边的每个人为每一个哪怕很小的成就鼓掌。相比那些终有局限性的策略来说，这是更为重要的事情。

在各个领域中，胸怀远大梦想的人总是少数。梦想根植于个人的愿景、高标准的要求以及被激发出的人类潜能。这不是单纯的关于管理或领导力的问题，它超越了"管理"和"领导力"这两个概念能向我们传达的一切。

让我们举几个杰出领导者的例子，他们可以教给我们一些关于如何与团队成员沟通的方法。

本杰明·赞德是一名作曲家，也是波士顿爱乐乐团的著名指挥家。赞德更愿意将自己视为一位老师，而不是一位领导者或大师。他所说的内容很好地诠释了他是如何激励那些才华横溢的人的，这其中不仅有音乐家，也包括其他行业的翘楚。

直到 45 岁，我才意识到一件令人感到惊奇的事情——指挥是发不出声音的。指挥的能力取决于他能使他人变强大的能力。这一认识彻底改变了我，我开始关注如何让我的乐手们变成最好的演奏者。

作为一名指挥，我的工作是帮助乐手成为富有感染力的演奏者。在任何一场演出中，舞台上总是会有两个人。一个在努力演奏，另一个低声说道："你知道有多少人比你弹得好吗？你上次没发挥好的那个最难的段落要到了——这次你又要搞砸了！"有时，第二种声音太大以至于淹没了音乐声。我一直在想办法让它安静下来。

后来我研究出了一种简单的方法来对抗这种声音。每年秋天，在上课的第一天，我都会宣布："每个人都会得到 A，但有一个条件——你们在今天要写一封信给我，但落款日期要写成来年五月，开头是：'亲爱的赞德先生，我得到这个 A 是因为……'"

换句话说，他们必须在课程开始时告诉我，到课程结束时他们将成为什么样的人，才配得到这个优异的成绩。

这个简单的"A"改变了一切，改变了我与教室里每个人的关系。在人际交往中，我们时时刻刻都在打分。我们可以将给出的分数作为期望的标准，再根据实际表现重新进行评估；或者，我们可以把分数当作实现潜力的可能性。第二种方法更具影响力。

"A"很容易被人误解。大家说："你只是假装每个人都是一样的。"但事实并非如此。这也不是在假设每个人都能做到他们不能做到的事情。学生们在写给我的信中，会告诉我他们将为得到 A 做出哪些努力，而这些信息也让我了解他们将会如何实现他们的梦想。他们会写，"突然之间，我不再害羞了，我享受演奏的过程。"或者"我不再因批评而沮丧。"这就是我需要的信息，用以帮助他们发挥出最佳水平。

有一种方式能够帮助我确认我指挥的方法是否得当——看着乐手们的眼睛。眼睛从不说谎。如果他们眼中有光芒闪烁，那么我就知道我的方法是可行的。在机遇面前，人类不仅会在情感上有所反应，还会在身体上产生相应的变化。如果他们的眼睛没有闪闪发光，我会思考是什么原因让乐手们目光黯淡下来。

第二个例子选自李奥·贝纳（Leo Burnett）1967 年在其公司年度早餐会上的讲话（同时也是他的退休演讲）。李奥·贝纳以他自己的名字创立了李奥贝纳广告公司，这家公司在这位充满活力的创始人的领导下，在过去 36 年的时间里打造出了一些世界广告史上最负盛名的创意，其中包括万宝路牛仔、家乐氏的吉祥物老虎托尼以及美联航的"飞行于友善天空"（Fly the friendly skies）。

我就要跟大家告别了。有一天，你们或是你们的继任者会将我的名字从公司名字中去掉。你们可以改叫"特温，罗杰斯，索耶和芬恩"广告有限公司或者其他什么名字，只要对你们有好处，我都不会有异议。但是我要告诉你们的是，我什么时候会要求你们把我的名字从公司名字中去掉。

那一天将会是你们花更多时间去赚钱而不是花时间去想策略做创意——符合我们水准的那种创意时；是你们忘记了广告所带来的纯粹乐趣，以及曾因此而感到鼓舞时。公司里创造性的氛围对那些特殊类型的作家、艺术家以及我们公司的员工来说，应与金钱一样重要。

那一天将会是你们失去了做到最好的冲动，失去了无论是为客户、金钱，还是为工作本身所全身心投入的热忱时；当你们彻底失去热忱时，随之而来的，你们也会对这种草草收场的结果产生厌恶。那一天将会是你们不再追求独特的风格、寓意，以及文字与图片的巧妙融合，以创造充满创意、令人难忘、颇具说服力的广告效果时；是你们开始忘却"更好的广告是李奥贝纳的全部"这一宗旨时。

那一天将会是你们不再是梭罗所说的"有良心的公司"时——一个由有良知的男人和女人组成的组织；是你们开始损害自己的诚信时——诚信一直是公司至关重要的信条；是你们堕落为机会主义者，为了一己私利和追求快速赚钱而合理化自己的行为时。

那一天将会是你们表现出最轻微的粗俗，不恰当或自作聪明的迹象时，你们会失去对事物最适宜状态的微妙感知；是你们的视线渐渐放在业务的规模大小上，而不是做最好、最有启发性、最让人眼前一亮的广告时；是你们的视线已经在收窄，窄到只可以看到办公室墙上的窗户数量时；是你们失去了谦逊，变得傲慢自大时。

那一天将会是你们不赞成某件事，并开始痛斥做这件事的人而不是工作本身时；是你们停止提出有主见且重要的想法，开始按照乏味的常规生产线工作时。

那一天将会是你们开始相信，为了提高效率，创造精神和创造的冲动可以被委派和管理，而忘记了它们只能被培养、激发和启发出来时；是你们开始口头上说这是一家"创意公司"，实际上却在经营一家徒有虚名的"创意公司"时。

女士们，先生们，到那时我会坚持让你们把我的名字从公司名字中拿掉。

尽管李奥·贝纳于1971年去世，他的精神仍激励着全球60多个办事处的数千名忠诚的员工。"李奥有一种能力，就像一名优秀的体育教练一样，能让你做得比你想象的更好。"他的妻子内奥米回忆道。直到今天，李奥贝纳广告公司仍然在所有接待台上免费提供闪亮的红苹果，这是李奥·贝纳的遗产，也是对他精神的致敬。

经验

请注意赞德和贝纳提供的建议。赞德描述了一位能力卓越且鼓舞人心的领导者的行动：

让人们成为最好的自己，让人们追逐自己的梦想。确保他们的眼神中有光芒闪烁，也提醒他们不要自满。

尽管表述有所不同，但贝纳给我们的启示也是类似的：

> 永远不要失去做到最好的冲动；永远不要为一己私利而合理化自己的机会主义行为；永远不要失去谦逊；永不停止提出有主见的想法；永远不要忘记人类的创造精神需要培养和激发。

如果你想激励员工，赞德和贝纳提出了一个共同的方法：这一切都始于花时间建立和培养人际关系，而不仅仅停留在眼前的任务上。

彼得·弗里兹（Peter Friedes）是翰威特咨询公司（Hewitt Associates）已退休的 CEO，他曾这样说：

> 领导者或管理者需要明白，他们与员工的每一次互动都是在两个层面上进行的——内容层面（无论他们在谈论什么）和信任层面（要么建立信任关系，要么破坏信任关系）。例如，当管理者不恰当地谈论不在场的其他人，或者表现出他们愿意走捷径，或者稍做欺骗时，他们其实是在破坏自己与每个直接听到的人及其他更多人之间的信任关系。反之，如果他们能始终坦诚相待，那么在任何情况下，他们都在建立信任关系，尽管这是一个需要时间来实现的过程。

很多年前，弗里兹向大卫指出，你与他人进行的每一次对话都会促进、削弱或保持你与对方的关系。因此，每次与他人交谈时，你必须问自己两个问题："我是否成功地解决了要沟通的事情？我刚刚与这个人的关系有了怎样的进展？"

以下是一些需要进一步考虑的重要问题。

1）你是否对每个团队成员在他们职业生涯中想要实现的目标表现出了真正的关心？

2）你是否展现出了对你的团队成员在个人生活中最重要的事情的兴趣？

3）当你的团队成员遇到个人生活危机或职业危机时，你是否与他们同在？

4）你是否经常与每个团队成员进行非正式的交流？

5）当你的团队中的某个成员明显需要帮助时，你能否主动提供帮助？

1. 你是否对每个团队成员在他们职业生涯中想要实现的目标表现出了真正的关心？

想想团队中的每个成员。最近是否有重要的成员离开或宣布即将离开？是否有些原本很有才华或者潜能的人，他们的表现却不及你的预期？如果其中有一个问题的答案是肯定的，那么你很可能没有关注到这些人想要推动他们职业生涯发展的愿望和相关需求。

几年前，帕特里克开始与一个团队合作。那时其中一位很有价值的年轻合伙人艾伦刚刚宣布他要离开。在讨论这个情况时，团队领导人迈克说他对此感到震惊："我完全不知道艾伦不开心，或者在寻找其他机会。"就在这时，另一位年轻的合伙人走了进来。她坐下来后，迈克问她："你知道艾伦不开心或者想要离开吗？"

她深吸一口气，然后说："天啊，迈克，我以为你知道。据我所知，他至少在过去十个月里一直希望我们团队能在国际市场上有更多的发展，但他感觉没有得到足够的支持来实现这个目标。"结果，艾伦不仅在离开团队时带走了比他带来的更多的客户，还带走了几位非常有价值的初级员工。团队花了很长时间才找到了替代离职员工的人才，以及从客户流失中恢复过来。

唐纳德·格罗宁格尔是大卫见过的最高效的专业人士管理者之一，他曾担任普利司通轮胎旗下品牌风驰通（Bridgestone/Firestone）的总法律顾问，管理着一个约有 30 名员工的法律部门。他一直在寻找促进员工职业生涯发展的方法，即使这意味着他们会被提升到公司高层职位并因此离开他的团队。他曾经的一位下属回忆道：

> 他对人性有着深刻的洞察力，能够发现和培养别人可能看不到的优点。他为你铺平了迎接机遇和挑战的道路，无私地期望你取得成果，而且相信你能够自己处理好事情，只有在需要时才求助于他。他不喜欢过度干预。但当你寻求指导时，他会无私地传授给你丰富的理论知识和为人处事的智慧。他给出的建议总是值得信赖。

唐纳德曾经让他的整个团队评估自己作为团队领导者的工作（见第 22 章），并在团队内公开了评估结果。唐纳德得到了大卫见过的最高分，高于任何一家公司中的任何一个团队。第二年，这个高分被再次刷新了。

密切关注人们在职业发展中的愿望和需求，是任何团队领导者角色中的关键部分。（"让人们追逐自己的梦想。"——赞德；"永不停止提出有主见的想法。"——贝纳）遗憾的是，很少有团队的领导者会花心思去关注这一点。

2. 你是否展现出了对你的团队成员在个人生活中最重要的事情的兴趣？

尽管我们多年来一直在接触不同的团队，但让我们感到震惊的是，鲜有团队领导者对自己下属成员的个人生活表现出关切和兴趣。

当你的团队成员开始谈论个人生活的时候，你是否对他们所说的内容表现得没那么敷衍？你对他们家庭情况的真正了解有多少？他们在休息时有哪些兴趣爱好？你是否与他们一起探讨他们热衷的事物？你能否提出一些问题以引导他们谈论个人兴趣？

也许你会说："嗯，我不确定存在良好工作关系的人是否需要互相谈论这种生活中的事情。"然而，我们的经验是，如果每个人始终局限于自己的岗位角色，仅在事务、逻辑和理性的基础上与他人打交道，就无法建立一个成功的商业企业。专业人士倾向于待在自己擅长的领域，避开复杂的情感问题，也许你会认为他们不希望你了解他们的情绪。但实际情况是，无论人们在工作中扮演怎样的角色或表现出怎样的外在形象，他们仍然是有情感、情绪和个性的人，你无法将人与表演者分开。（"你确定他们的眼中有光芒闪烁吗？"——赞德）

有一次我们问一个专业公司的高层领导，当他担任领导者角色的时候，最让他感到惊讶的事是什么，以及他在担任这个职位之前没有预料到的是什么。他的回答是：**"我了解到了比我想象的更多的关于我员工的个人生活情况！事实证明，这对于激发员工的潜能是至关重要的。"**

3. 当你的团队成员遇到个人生活危机或职业危机时，你是否与他们同在？

我们每个人都会面临危机和生活中的重要转折。比如，家人住院了，孩子在学校遇到困难，婚姻关系出现问题，或者配偶刚刚得到一个重要的职业发展机会，可能需要全家搬到一个新城市。这些问题可能导致有些人突然失去工作的动力也有些人可能会用疯狂工作的方式来转移注意力，导致精力被过度消耗。

在你阅读这段文字的同时，很有可能你的团队中的某个成员正面临着一些重大危机或转变。你是否知道这一点？你提供了什么样的支持？ 也许你是个例外，但如果你像我们多年来与之合作的许多团队领导者一样，并不总是在成员们需要你的时候给予支持，那么请关注一下，并尽量提供帮助！

4. 你是否经常与每个团队成员进行非正式的交流?

在工作中我们时常会遇到如下状况:客户的工作让人不堪重负,公司内部的系统让事情变得更加困难而不是更容易解决,或者技术故障让我们希望能回到更原始的时代。这些小插曲并不会带来毁灭性的后果,但它们确实会让我们心烦意乱。这时候有一件能够让我们感到宽慰的事情,那就是有人注意到并说:"你看起来有点心烦,发生了什么事?"

如果团队领导者能够花几分钟去倾听,神奇的事情就可能会发生。这个人有机会"发泄",把困扰他的事情一吐为快。虽然这可能无法从根本上解决问题,但可以从心理上帮他减轻一些负担。如果你是倾听的人,其实不需要花费很多时间或精力。但对对方来说,这却是重要的,就像你在他最需要的时候帮他"充电"一样。

当你的团队中有成员心事重重、沮丧或心神不宁时,你是否留意到这一现象并愿意花时间与他们交流?("人类的创造精神需要培养和激发。"——贝纳)。事实上大多数团队领导者并没有这样做。

5. 当你的团队中的某个成员明显需要帮助时,你能否主动提供帮助?

如果你的团队是典型的提供专业服务的团队,你和其他成员平时都非常忙碌。你们都很努力工作,甚至有时会超出自己的能力极限。这也许会导致你们无意间犯下一些很小但很严重的错误。

你的团队中的某个人刚刚接到一个大项目,而交付日期迫在眉睫。但就在此时,出现了两个从未预料到的严重的技术失误。在这种情况下,他很可能需要帮助。问题是,你是否会腾出时间来帮助他?

这里说的帮助,不是指是几分钟时间的同情或带着同理心的倾听,而是你要主动提出参与其中帮忙解决问题。尽管你也很忙,但你能否伸出援

手，分担一些困扰，帮助他渡过难关？（"关注如何让人们成为最好的自己"——赞德）

但在很多团队中，答案可能是："不，我没有时间。我不能提供帮助。"或者最多指挥其他团队成员，让他们帮忙解决问题。但这么做，你就失去了作为领导者和前辈的可信度和影响力。**你希望人们在未来接受你的影响吗？现在就帮助他们吧！**

总结

团队领导者有责任建立一条纽带，一种信任关系，并代代传承，其根本目的就是激励他人。

像赞德和贝纳这样的人之所以能够激励他人，是因为他们希望为别人服务。激励的动力由内而生。而团队领导者的工作就是去创造可以激发灵感的环境。激励不是源于自私的动机，而是源自内心对他人的关怀，真挚地希望与他们建立关系，引导他们超越原先的认知，成为更好的自己。成为一位成功的教练，需要耐心、毅力以及对方的认可。

接下来，我们将更详细地探讨你的领导、管理和指导活动。我们首先研究如何与成员个体交往，再在下一节讨论如何管理团队。

这不是随意的顺序。在你与团队中的每个成员建立起关系之前，你不能也不应该尝试处理团队中的问题。

- **第五章　赢得追随者**
  如何让人们接受你的指导？

- **第六章　用心倾听与共鸣**
  人们是否认为你是一个好的倾听者？

- **第七章　管理要因人而异**
  你怎样理解和应对人们的差异？

- **第八章　提携后进**
  面对那些需要帮助的人，你将如何发挥作用？

- **第九章　管理"大牌"员工**
  如何与恃才傲物者打交道？

- **第十章　为变革赢得支持**
  如何让团队相信变革的必要性？

| 第五章 |

赢得追随者

如何让人们接受你的指导？

虽然在获奖时，只有获奖者个人站在台上接受荣誉和奖项，但他们的获奖感言中常常包含了对那些曾经帮助、指导和鼓舞过他们的人的感激之情，以及想与其共同分享荣耀时刻所带来的快乐之情。

演员海伦·亨特（Helen Hunt）凭借电影《尽善尽美》（*As Good As It Gets*）获得奥斯卡最佳女主角奖。她在获奖致辞中特别感谢了表演教练拉里·莫斯（Larry Moss），表示没有莫斯的指导就没有今天的她。说这话的可是亨特！那个从 9 岁起就生活在镜头前的资深演员，艾美奖拿到手软的大明星。不过事实也确实如此，每个演员都渴望从莫斯那里得到一些关于提升演技的建议。

莫斯在接受《洛杉矶杂志》（*Los Angeles Magazine*）的采访时说：

> 担任表演教练的最美妙之处在于，可以与那些光芒独具的表演者合作。他们是独一无二的，有自己强大或脆弱的一面。我指导演戏，其实也是在帮助演员们发现他们自身的价值。

在好莱坞，莫斯以他敏锐的直觉闻名，他能够发现演员们特别的天赋，并指导他们如何巧妙地运用这些天赋。

精湛的演技不是一蹴而就的，而是需要多年艰苦的训练来磨炼和积累技巧。大多数人都渴望遇到一位像拉里·莫斯这样的伯乐，他能够发现人们的天赋，唤醒他们身上沉睡已久的潜能。当人们知道有人欣赏自己并想要帮助自己表现得更好时，他们会有更好的表现。

"指导"是一项活动，而非头衔或职位。它是帮助他人发挥其潜能的过程。团队领导者所要思考的问题是，何时进行指导，何时保持距离。

当你的团队成员出现了以下情况时，你应该进行指导。

1）职业规划不清晰。

2）向你寻求建议、支持、反馈或帮助。

3）开始承担新的工作任务或岗位职责。

4）看起来沮丧或者困惑。

5）似乎犹豫不决或陷入僵局。

6）表现时好时坏。

7）渴望有所作为。

8）表现得不尽如人意。

9）消极散漫，向周围传递负面情绪。

正如战略咨询专家克利夫·法拉赫所说：

根据我的经验，新的团队领导者最需要开展的一项活动，就是定期与所有团队成员进行一对一的指导交流。这个活动是雷打不动、必须坚持下去的。相较于仅在紧急事件发生时才触发的指导活动，这样的定期会议所提供的指导对团队成员来说是可预期、受欢迎的。我会定期与我在团队中负有直接责任的每个成员进行半小时的会谈。根据团队的具体情况，可以每周、每月或每季度安排一次，频率如果低于每季度一次的话会削弱沟通的有效性。

在你迫不及待想要开始培养和发展团队成员的才能之前，首先要审视一下自己是否赢得了这样做的"权利"。

丹尼尔·J. 芬森（Daniel J. Fensin）是 BKB 会计师事务所的主管合伙人，他曾说：

> 我正在学习尝试不把任何成绩归功于我自己。当我的合作伙伴需要我的支持时，我会尽力帮助他们，无论是需要我提供指导还是其他任何事情，无论是需要我给予安慰还是鞭策，只要他们有求于我，我都会尽我所能帮助他们。

> 但当他们取得成功时，就算你对他们的成就有很大帮助，那也要视为属于他们自己的成果。他们需要这份成功来建立自信，从而取得更多的成就。如果你成为他们成功的绊脚石，他们将不会信任你。

准备工作（计划要说的内容以及你将如何帮助对方）是指导活动的重要组成部分。然而，很多指导工作是即时的，需要迅速采取行动，以解决问题或预防问题的发生。无论给予你准备的时间只有 5 分钟还是 5 个小时，你都应该充分思考指导的目的、时机和场合。

罗伯特·杜波夫曾长期担任美世咨询公司（Mercer Management Consulting）的高管和安永的市场营销高管，他这样评论道：

> 对我来说，指导活动的关键在于，与你的团队成员见面之前，先仔细思考你的策略。你应该确定要向他们传达的一两个要点（不能再多），并设法使它们易于记忆。当然，你在制定会议策

略时，还需要考虑对每个团队成员来说，真正激发他们动力的因素是什么，是金钱、认可还是简单的鼓励。

指导他人是一项充满挑战的活动。成功的团队领导者能够在"做得太少"和"做得太多"之间取得平衡。以下是一些基本步骤，有助于你赢得指导的权利。

1）询问事情的进展。

2）确认对方愿意接受指导。

3）通过提问来了解目前的情况，并提供你的支持和帮助。

4）提供适当且必要的信息。

5）用心倾听。

6）帮助对方确定可行的方案。

7）就下一步达成共识。

8）给予关注，并帮助对方树立信心。

（1）询问事情的进展

"嘿，简，你和客户的会议进展得还顺利吗？"

你的目的是了解对方的想法。最好的方式就是进行一些非正式、开放式的对话。比如你可以用这些作为谈话的开头："……事情怎么样了？"或"你怎么看待……？"

寻找机会帮对方拓展他的技能、知识和能力。留意对话中的信号和线索，发现指导工作可能带来价值的机会。花点时间想想，这些对话中可能隐藏了对方的什么诉求。

（2）确认对方愿意接受指导

"能占用你几分钟时间吗，我想跟你讨论一下这件事，你有兴趣聊聊发生了什么吗？或许我可以帮上点什么。现在这个时间怎么样？或者你希望今天晚点再说？"

如果对方提到了好几项要讨论的内容，那么就将谈话的重点放在他最感兴趣或者最关注的问题上。通过直接提问的形式，判断他是否准备好接受指导以及他对此感兴趣的程度。

要让对方知道，你愿意提供指导、想法或者反馈。这可以让对方做好倾听的准备，如果时机不对，也可以让他选择延迟讨论。如果对方确实需要推迟讨论，你要确定好一个具体的时间。

（3）通过提问来了解目前的情况，并提供你的支持和帮助

"目前你取得了哪些进展？现在的结果如何？我对目前进度的理解是，你已经给那家公司打了电话，找到了去年提交给他们的文件，并把文件分享给了团队成员。"

请在发问时尽量委婉一些，避免产生压迫感，或者引起对方的反感。问题可选择以何时（when）、何地（where）、什么（what）、谁（who）、多少（how much）等词开头，这种句式有利于了解客观情况。在询问问题时，要记得你的出发点是想要更深入地了解问题，而不是立马解决这个问题。你需要判断对方是否掌握了可以推进下一步行动的恰当的信息。要尽量避免那些可能会引反感的问题（比如以"为什么"（why）或者"怎么能"（how）开头的问题），它们往往会使人处于防御状态。

（4）提供适当且必要的信息

"刚刚我想到了两种可能的解决方案，你可以听听看有没有什么帮助……"

　　仅提供必要的信息，这些信息将为对方进一步的决策提供依据。回答要简洁明了，同时要根据对方的反应做出适当的调整。提供多少信息将取决于具体情况。如果是想帮助对方解决一个实质性问题，那么你可能需要提供详细的指导；如果是在帮对方寻找一个创意方案，那么你可能只需要提示对方从哪些不同的角度来思考问题。

　　（5）用心倾听

　　如果需要，可以做一些简要的笔记。不要打断对方的表述。如果对方跑题了，可以通过提问来重新聚焦于主题。这样做可以使双方的沟通同步。但需要注意，要让对方主导这次讨论，你只需要时不时总结你听到的内容。

　　（6）帮助对方确定可行的方案

　　　　"你可以采取哪些措施来减少这些令人头疼的问题？你还能想到其他方式吗？如果客户在没有这些措施的情况下继续推进这个项目，你有备选的方案吗？让我们来讨论下这些方案的利弊。"

　　在对方陈述完自己的观点前，尽量避免发表你自己的观点。你要鼓励他积极思考，无论是天马行空的创意，还是现实可行的方案，都可以一起讨论。

　　你可以把头脑风暴的结果都列在一张纸上，不评论它们的可行性，仅针对优缺点进行分析。

　　（7）就下一步达成共识

　　　　"好的，那么你喜欢这些方案中的哪一个？你接下来的计划是什么？你认为你什么时候能准备好？在执行这项计划时可能会遇到哪些障碍？"

鼓励对方制订明确的行动计划，并确定计划采取的具体步骤和截止时间。

（8）给予关注，并帮助对方树立信心

　　"我知道你之前处理过比这更棘手的问题，但随着项目的推进，你可能会发现一些问题，如果你需要聊聊，我随时都在。下周二等你与客户的会议结束后，我再跟你联系。"

在结束讨论时，你可以表达出你会持续关注这个问题，对同事解决问题的能力充满信心，以及你愿意尽全力支持他达成目标。

在提供指导时，要控制好节奏。如果你与对方缺乏尊重和信任的关系，建议在提供任何指导和帮助之前，先采取适当的措施来建立信任。信任是成功的指导关系中最为重要的因素，但获得他人的信任并不是一件轻松容易的事。信任无法伪装。作为团队领导者，你需要通过保持开放、诚实和可信的言行来建立相互信任的基础。

此外，还有一些情况不适宜进行指导。例如，当你对某种状况正感到愤怒时，或者当你的同事忙碌不堪或正面对其他紧迫的交付任务时。指导的时机非常重要。

记住，当你真心关心对方并愿意给予实质性的帮助（或指引他去寻求帮助）时，你的参与将被高度重视。在参与过程中，你要始终保持有活力的、振奋人心的、热情的、积极的、乐观的态度。

你需要始终表现出对同事的信任，尤其在你们讨论负面反馈的时候。**要想对方接受你的指导，你必须相信对方的潜能所在，并且明确地表达出你相信他可以达成目标。**

在指导过程中，那些被不断告知他们能够成功的人，在面对具有挑战性的任务时会变得更加自信。他们在工作中会更加努力，在处理问题时会更有毅力。领导者的很大一部分职责是看到团队成员取得成功的潜力，并充满热情地以口头和非口头的方式传达这种期望。正如一个团队领导者对我们说过的那样：

> "作为团队领导者，你每天都要相信你可以有所改变，然后把这种激情传递给团队中的每一员。我认为激情是可以相互感染的。"

你还需要创造一个有安全感的氛围，让其他人感到舒适，以自由地表达他们的情感和观点。

创造一个有安全感的氛围

你需要成为推动个人成长的催化剂，然后为他们提供有安全感的氛围来帮助他们改进不足。

如何给出纠正性反馈

对最好的教练来说，提供纠正性反馈也不是一件容易的事。你需要提醒对方，他们的行为不符合可接受的标准，或者他们拖慢了团队的整体进度，或者他们没有充分履行承诺。这类话题往往很敏感，沟通过程也容易演变为争吵、指责和情感伤害，最终导致矛盾冲突。

无论你是提供正面反馈还是纠正性反馈，都应该站在对方的角度，以一种对方能够接受的方式提出。并且要有"建设性"。在提供纠正性反馈时，以下步骤是最有效的。

1) 说明反馈的目的。这有助于将注意力放在反馈本身，也让对方知道你的意图。

2）描述你的观察和思考。要具体、简洁、清楚地描述你的观点所依据的行为或事实，以及你因此而进行的思考。

3）就后续行动达成共识。将其视为一个行动计划，并表达你愿意提供帮助。

4）对讨论进行总结，并表达你的感谢。接受反馈和提供反馈一样困难。让被指导者知道你感谢他们的坦率、他们讨论问题的积极性以及建设性地向前推进的意愿。

如果没有明确正确的行为标准是什么，你就没有办法找到需要改进的地方，也就无法提供有价值的反馈。

在沟通时，注意永远都要把重点放在问题、情况或行为本身，而不要针对个人。用描述性的语言，准确描述行为发生的情况。例如，"约翰，在我们今天早些时候的会议上，有三次……"。避免使用诸如"总是"和"从不"等词语。如果你说"约翰，你开会总是迟到"，约翰会把你的话视为人身攻击，自然而然地抱有防御心态，并会试图证明他有准时到达的情况。

在传达纠正性反馈意见的时候，要避免给人以人身攻击的感觉。如果措辞得当，纠正性反馈实际上可以有效地改善沟通并解决冲突。

好的团队领导者应该清楚，何时需要推动某人走出自己的舒适区。如果没有新的刺激和挑战，任何有才华的人都会觉得乏味，失去对工作的兴趣。

一个团队领导者告诉我，她会注重在工作技能、员工信心和任务的挑战性之间保持一种精确的平衡。当她提高了业绩期望时，员工会因这一挑战而更有动力推进工作。**团队领导者还需要通过创造有安全感的氛围，来为员工成功应对新挑战提供安全网。你需要提供彩排和机会，让员工可以**

顺利练习新技能。

当她的团队决定拜访每一位重要客户，以获得客户满意度的某种衡量标准时，他们会花一些时间对这个计划如何执行进行排练。领导者体会到：

> 这是一种通过实践来学习的方式。我们确定了一系列最适合在一对一会议中向客户提问的问题。我们确定了哪两个人会参加哪些会议。然后我们进行演练，让其中一位非常了解客户的同事扮演客户的角色。我们预测了一些可能会出现的困难，并想办法解决它们。最后，我们都感到很舒服，因为我们已经作为一个团队事先在没有威胁的环境中进行了演练，可以自由地犯错并从中吸取教训。这让我们为承担任务做好了充分准备。
>
> 作为教练，我要做的不是向员工发表关于如何有效地与客户开会的长篇大论，而是让他们吸取自己过往的教训。人们或许不记得我告诉他们的话，但他们能够记得自己经历过的事情。他们或许不记得我说了什么，但他们能够记得他们自己说了什么。

自信是取得好的表现的最为关键的要素之一。演练可以帮助人们建立自信并提高沟通技巧。同时，这也能够为团队中的其他成员多创造一些机会，让他们在一个没有压力的环境中练习他们的新技能。

克利夫·法拉赫向我们描述了角色扮演和演练在他咨询业务中的价值：

> 每个专业人士都需要以某种方式推销自己。例如，一个刚入职的新员工，无论是在飞机上、假日聚会中还是在酒吧里，都会被问及他从事何种工作。我们都知道，即使是将工作介绍清楚也需要一番努力，更不用说在此基础上向陌生人传达自己的价值了，尤其是留给你表达的时间可能只有几分钟。因此，每次团队

会议结束后，我都会留出时间开展介绍"我们是谁，我们在做什么"这样的演练。我们花 30 分钟至 45 分钟来进行角色扮演，演练在商务社交场合可能出现的常见对话，探讨该说什么，不该说什么，如何应对最棘手的问题（比如价格），以及在适当的情况下，如何引荐公司的其他成员。在角色扮演结束后，我们会讨论哪些方法有用，哪些可以改进。这种演练的方式非常有效，我们每个人都感到振奋。

优秀的团队领导者需要努力帮助团队成员想象自己成功时的生动情景。然而，仅仅设定目标和设想成功是不够的。心理学家阿尔伯特·班杜拉（Albert Bandura）的研究证明，目标和反馈都是提高绩效的必要条件。团队领导者需要负责定期监测绩效，并提供经常性、及时和具体的反馈，以确保每个人都朝着正确的方向前进。

除了定期的团队会议之外，许多团队领导者很少有足够的时间进行长时间的正式交谈。因此，充分利用在走廊、电梯等场合进行非正式交流的碎片时间来了解某些团队成员的进展是非常重要的。与其只在每年的绩效评估会议上才扮演指导者的角色，不如想办法将指导工作融入每次会议、对话甚至语音邮件和电子邮件。这些实时沟通有可能让你得到及时的信息，并为成员提供宝贵的指导机会。

学会用类比以及讲故事的方式来解释工作理念并提供鼓励。平铺直叙，不使用任何修辞的教导，就像在没有路标的道路上驾驶一样。可以讲讲那些别人取得成功的案例。

发挥榜样的作用。如果你希望某人自愿承担项目或采取行动，请确保他们看到的是你第一个行动起来。如果你想看到别人改变，那就必须先改变自己。

进行正式的工作指导

在所有提升团队表现的方法中，被认为最有效的是非正式、计划外的一对一沟通。如果做得好，它有助于确保所有人都能充分发挥自己的才能、充分利用自己的潜力。然而，有时候正式的、目的明确的指导也能发挥积极有效的作用（即使实际上没有要求）。

可惜的是，正式评估会议侧重于回顾过去的表现（因为它们将作为考评的依据）而缺乏对未来的指导。大家常常会抱怨目标设定无效、绩效标准模糊不清以及缺乏反馈意见。一位专业人士对此表达了不满：

> 我们好比一群弓箭手，公司会用"每天有几支箭射中目标"作为评判我们能力的依据，但是射击的目标却隐藏在雾中。我们的射击成绩只有在年末时才会有所反馈，公司会按照射击的准确性，对我们进行奖励、劝诫或惩罚。

任何咨询过程都可以（也应该）旨在帮助员工，并为他们创造进行以下事项的机会。

1）对过去一年的成就进行反思和总结。

2）获得建设性的反馈意见，无论是肯定的还是否定的。

3）接受关于如何最好地促进职业发展的个性化建议。

4）在制定切合实际但有挑战性的个人目标方面接受指导，让个人和团队获益。

贝文·阿什福特律师事务所（Bevan Ashford）是一家总部位于英国布里斯托尔，并有七家办事处的律师事务所。该公司的首席执行合伙人尼克·贾勒特-克尔（Nick Jarrett-Kerr）描述了该公司的员工考评方法：

> 直到1996年，我都是亲自参与布里斯托尔办事处的员工绩

效评估会的。每个员工的年度绩效评估都持续两三个小时。这意味着每年我要花费多达三百个小时的时间！后来我再也受不了了。

我们开始寻求替代方案，以期在考评工作的质量和投入的人力时间成本之间达到平衡。我们提出的一个想法是，以能力为基础，进行自我考评。这对律师来说非常具有挑战性，但这帮助我们专注于非常特殊的个人专业问题。

我们还进行心理测试。我们寻找行为指标，后来发现这在评估团队分工角色方面非常有用。除此以外，我们也会进行其他多种测试和评估。例如，我们对合伙人和律师进行分类，以评估他们在技能水平方面的情况。这是一个动态的评估过程，其主要目的是确定我们需要做什么才能让每位律师更上一层楼。

以下是我们认为正式工作指导通用的五个步骤。

步骤 1：明确绩效评估标准

步骤 2：设计指导流程

步骤 3：召开指导会议

步骤 4：进行职业规划

步骤 5：设定工作目标和行动计划

步骤 1：明确绩效评估标准

任何有效的工作指导体系的建立，第一步都是在团队中就绩效评估的标准达成共识。但在实践中，评估的标准往往并不明确。

常见的评估标准可能包括以下几点。

1）工作的经济效益

2）客户满意度

3）指导工作的情况

4）对实践发展的贡献

5）对他人成功的贡献

6）个人成长（职业规划）

前三个标准与个人在团队管理和客户工作方面的表现相关。这恰好与大多数专业团队关注的三个传统目标相吻合——客户服务、财务回报和职业满意度。

剩下的三个标准所对应的表现（实践发展、帮助他人和自我提升）较为主观，因此需要进一步判断。

需要注意的是，第五个标准是"对他人成功的贡献"。在任何绩效评估体系中，总有一个难以避免的风险，就是它会过分强调个人绩效而阻碍团队合作。所以为了规避这种风险，**每个人都应该评价自己在哪些方面为他人的成功做出了贡献**。那些无法满足这一标准的人将会被视为未能履行作为团队成员的责任。

要评估某人是否真正为他人的成功做出了贡献，可以询问以下问题。

1）这个人能否激发和培养其他团队成员的热情？

2）这个人是否向其他团队成员提供了他在与客户合作时所学到的可能对其他人有价值的信息？

3）这个人是否自愿投入时间来帮助其他人处理突发的客户紧急情况，或努力赶上迫在眉睫的交付日期？

4）这个人是否会表扬其他团队成员出色的工作？

5）这个人能否与其他成员合作设定明确的目标、制订计划，并为自己领导的项目确定方向？

6）这个人是否具备专业知识，并在其他成员寻求技术支持时提供建议？

7）这个人是否为团队成员提供关于新项目的指导，并帮助他们确定优先事项？

8）这个人是否积极寻找改进团队工作的新方法？

9）这个人是否尊重其他团队成员？

10）这个人是否对团队成员的贡献和努力给予了认可？

11）这个人是否跟进并确保（内部或客户的）问题得到解决？

步骤 2：设计指导流程

这一过程应该从邀请团队成员进行自我评估开始。我们大多数人（并非所有人）都对自己的表现更加挑剔。然而，当其他人批评我们的表现时，我们很可能会进入自我防备状态，并为自己的弱点找借口。另外要注意，"优秀的表现"应该是一个不断精进的动态过程，而不仅仅是维持某个水平的静态结果。关于所提供的指导的讨论应该侧重于年度之间的变化，而不仅仅以最近一年的情况为依据。

此外，团队领导者还应该回顾被指导的人在上一次指导会议中制定的目标和行动计划。通过表示"我们没有忘记去年你设定的目标，这是我们共同商定的结果"，传达出这一过程的严肃性。

步骤 3：召开指导会议

既然提供帮助（而不仅仅是提供反馈）是你的主要目标，那么请问自己以下问题："如果我在任何评估标准上，都没有给这个人最高分，我能否想出一个计划帮他做出改变，而我是否也能够为此提供支持和帮助。"如果你不能给出肯定的答案，那么你还没有准备好开会！

被指导的人应根据每一个评估标准先进行自我评估。然后在指导会议上，你可以比较和讨论你们的评估结果。他的自我评估和你对他的评估之间存在的差异，应该被记录并进行进一步的讨论。

你应该仔细聆听对方的观点，不要对他的表现做出预判或草率地下结论。你的目标不仅是观察绩效的实际情况，还要确定为什么会这样，以便在未来提供帮助。

你的团队可以在指导会议中使用一张结构化的表格（一般来说，这是一个不错的方法），用以评估具体技能。

表格可以包括以下维度。

1）沟通技巧（能够以有逻辑的、流畅的、简洁的方式表达想法）

2）咨询技巧（处事得体，有解释的能力，以非对抗的方式说服他人，能看到他人考虑问题的角度，及时向客户提供信息，善于倾听，等等）

3）创造力和创新精神

4）计划和组织能力（完成任务的能力）

5）领导能力（下属的积极性，委派任务和管理的有效性）

6）合作态度和团队合作表现

7）动力和自我激励能力

要想让指导有建设性的成果，建议改进的领域需要尽可能具体详细。

步骤 4：进行职业规划

职业规划（"我的职业发展方向是什么?"）与绩效评估（"我的表现如何?"）不能割裂地看。你和被指导的人应该共同确定，哪条职业道路才能提供更好的职业发展机会，使其与众不同，有价值，并为团队做出贡献。也要一同思考他怎样能让自己在市场上与众不同。

促成职业规划的讨论将使指导过程着眼长远，使每个人都意识到，有必要通过培养特殊技能或专注于某个特定领域，成为更与众不同、更有价值的人才。

步骤 5：设定工作目标和行动计划

通过设计（并记录）具体的行动方案来落实执行很重要。行动方案需要有具体的截止日期、衡量方式（比如一个里程碑，可以用来显示行动是否已经被执行）以及执行该行动所需的时间预估。这种记录，可以让一些抽象的目标（比如"变得更有名"）变得切实可行，同时也能发现那些由于时间限制而难以实现的行动。因此，设定目标和行动计划，也是下一年评估和指导流程的起点。

指导是否成功，标准很简单，即被指导的人是不是明确而具体地知道，在未来一年内如何改进自己的表现。如果是，说明指导工作做得很好。如果不是，这个指导就算失败了，你没有尽到应尽的职责。最后，最好以团队领导者和被指导的人共同签署的声明作为结尾，以确认被指导的人确实知道接下来要怎么做。

| 第六章 |

用心倾听与共鸣

人们是否认为你是一个好的倾听者?

你可能认为自己是一个相当不错的倾听者。但如果你问问与你一起工作的人，他们内心真实的想法是什么，他们会怎么说？也许你会收获惊喜。但更为常见的情况是，他们会说，你的倾听技巧还需要提高。甚至有些人可能会说你确实需要在这方面下功夫。

在《值得信赖的顾问》一书中，大卫和他的合著者提供了一份关于与客户打交道时的良好倾听习惯的清单。我们认为这份清单同样适用于团队管理的场景。

优秀的倾听者会怎么做

这份清单的内容如下。

1）持续询问以充分理解。

2）留心话语中的情绪表达。

3）倾听对方的故事。

4）很好地进行总结。

5）感同身受。

6）留意那些不同的地方，而非熟悉的观点。

7）认真对待对方（他们不会说"你不必为此担心"）。

8）发现隐藏的假设。

9）允许对方在自己面前"发泄情绪"。

10）会问"你对此有何感觉？"。

11）让对方倾诉（"你还考虑过其他哪些方面？"）。

12）不断地询问细节以帮助自己理解。

13）倾听时排除一切干扰。

14）将注意力先集中在对方的讲述上。

15）允许对方按照自己的方式讲述故事。

16）至少在倾听时从对方的角度出发考虑问题。

17）询问对方自己如何做可以帮上忙。

18）在告诉对方自己的想法前，先征求对方的想法。

19）在对方讲话时看着对方（而不是不礼貌地瞪着对方）。

20）留意对方的言语与其动作、姿势是否一致。

21）让对方感觉他是唯一重要的人，花多少时间交流都没有关系。

22）用点头或微笑鼓励对方。

23）注意并且控制自己的肢体动作（不乱动，不抖腿，不玩回形针）。

上面这些你做到了几条？其他人认为你做到了几条？问问他们吧，你可能会对他们的回答感到惊讶！

用心倾听是一种捕捉、定义并准确回应他人所表达的看法的能力。用心倾听也是一种技巧，它能够在情感交流的过程中安抚对方的情绪，让对方卸下盔甲。当你采用积极的倾听态度时，对方会感到自己真正被理解，从而可以安心地释放情感，表达自己的观点，减少对防御行为的依赖。用心倾听可以为表达者带来安慰，促进情感共鸣并增强信任感。

我们都希望被倾听。然而，相较于其他行业的人，用心倾听对专业人士来说更为重要。正如我们之前提到的，专业人士更具有自主意识，不喜欢被告知该做什么或如何去做。他们可能会接受指导，但前提是不伤害到他们的自尊心。专业人士愿意接受他人的观点，但这通常是在他们有机会表达自己的观点之后。

专业人士通常会在某一特定领域内接受系统的专业化训练。出于职业要求，他们往往会展现出其冷静客观、逻辑性强的一面。但实际上，他们同其他人一样，是有血有肉的情感动物。他们的头脑不仅仅用来对事物的发展发表专业意见，同样怀着深深的情感。然而，作为一类特殊群体，专业人士往往会认为表达自己的感受会影响他们的客观性和专业形象。但事实并非如此。

你可能会观察到（或感觉到），你们团队中的某个成员对某件事特别敏感。通常情况下，让他们说出这些感受可以化解不愉快，有助于大家继续进行建设性的讨论。被倾听和被理解的经历是可以帮助建立信任的。

当你用心倾听时，你需要努力理解对方的感受，以及他们所传递信息的含义。然后，你需要用自己的话将对信息的理解反馈给对方以进行验证。你不需要表达自己的观点，而是需要反馈对同事所发出的信息的理解。像任何技能一样，用心倾听的能力可以通过不断实践来获得和提升。

记住以下三个关键步骤，这将有助于培养你的倾听技巧。

1）提问并鼓励对话。

2）认真倾听，就有关情况、问题或请求做好书面记录。

3）总结和复述对方的情况、问题或请求。

（1）提问并鼓励对话

很多时候，特别是在指导过程中，**大家很难就某些敏感事件表达自己的感受。然而，作为团队领导者，你的重要职责之一就是鼓励对方与你分享他的问题以及他对此的感受。**

一种开启对话的方式是提出问题寻求对方的意见，并表达对对方想法的尊重。通过提问，不仅可以更好地理解对方的意思，还能表达对他们想法的兴趣。恰当且措辞得体的问题可以极大地促进你们的关系。这些问题可以是开放式的，也可以是封闭式的。

提出开放式问题是为了在一个广泛的话题上得到各种回答。这种问题的目的是鼓励对方详细地描述他的需求、愿望和问题，而不是简单地回答"是"或"不是"。一个开放式问题的例子是：

"什么样的会议安排最符合你的需求？"

使用开放式问题可以鼓励对方分享他们的想法、感受和观点。通过这种方式，你可以了解他们真正关心的事情。

封闭式问题要求回答者针对某个问题给出确定的答案，通常为"是""不是"或其他简短的回答。一个封闭式问题的例子是：

"每季度一次的会议能否满足你的需求？"

你的开放式问题应该尽可能地不加限制，以便引出详细的回答。得到答案后，你应该鼓励同事继续发表意见，这能让同事明白你对他们的回答很有兴趣。

要求对方进行进一步的解释不仅可以减少误会，还可以向他人表明你很在意他们的想法。你可以问："你能再说一遍吗？"或者问："你能再详细解释一下吗？"

当有人与我们意见不合或者三观不一致时，我们希望坚定立场并为自己辩护。但有时候，我们会太专注于表达自己的观点，而忘记了倾听对方在说什么。我们需要表明，我们会考虑他人的观点，也有继续对话的意愿。你和你的同事可能不会在所有事情上意见一致，但进一步沟通的大门仍然敞开着。

你可以以多种方式表达对他人观点的尊重。保持眼神接触是其中最重要的一种。当同事提出某个观点时，点点头可以表明你正在倾听和理解对方。简短的肯定如"是的"或"好主意"也能鼓励对方继续说下去。在倾听他人时，不仅要关注对方话中的字面意思，还要关注对方的思想和情感。以这种方式倾听需要暂时搁置你个人的观点和感受，专注于倾听。这意味着你要"置身于别人的立场"来考虑问题。你需要通过语言和非语言（如面部表情、肢体语言）来表明，你真正理解了对方所说的内容。

（2）认真倾听，就有关情况、问题或请求做好书面记录

如果你认为自己已经知道对方会说什么，因为你在过去曾多次面对相同的情况，你可能就不会用心倾听。（心里想："他又来了。"）这时，你的思绪会开始发散，或者在对方讲完之前就开始准备回答。

尽量确保与同事的会议和讨论不会被打断。拿着笔和纸认真倾听。做笔记可以传达出对对方观点的真诚兴趣，并留下一份会议的书面纪要。但是，不要过度记录。持续的低头记录可能会被误解为不关注对方，或者给人以过于正式的印象。

（3）总结和复述对方的情况、问题或请求

在讨论中，你的同事可能会在某些时点停下来问你："好了，你现在明白了吗？"而一种很好地表达确认、理解和同理心的方式，就是总结和

复述。你可以说："我再确认一下我听到的，确保我的理解是对的。"或者说："如果我没理解错的话，你需要有人来帮助你完成要在下周五会议上汇报的项目，对吗？"

通过复述来确认理解，对有效的倾听来说非常重要，因为它可以确保你在对话结束时真正理解了对方所说的内容。然而，如果你将对方说的每句话都复述一遍，你的同事可能会感到无奈或愤怒。当有人问"现在几点了"时，你不会重复说"我确认下，你是在问时间吗？"。

请谨慎考虑你的反应，包括考虑是否需要做出反应。如果你的同事因为你不恰当的反应而感觉被忽视、被贬低、被攻击或被责备，那么对话将会陷入僵局。如果他对你解释了某件事，而你仍感到困惑，你应该选择转述他的观点："如果我理解正确，你的关注点是……"在那个时候，他要么会同意，要么会做进一步的补充。

假设你总结了自己所理解的内容，但对方不认可，或者他总结了他的观点而你不认可，就请暂停一下，用心倾听并思考观点的不同之处，然后重新进行表达。

如何应对糟糕的倾听者

这个世界上就是有些人，他们根本就听不进你说的话，甚至连你所提出的基本观点都无法理解。他们要么无法沟通，要么固执己见，要么根本无法被说服。还有些人会进入"自动驾驶"模式，对他人的意见充耳不闻；他们不愿或无法看到其他观点的可能性。因为他们无法看到你观点的价值，所以不认为你的指导是合理的，更别说他们会对你的指导做出什么有价值的反馈了。即使是最有才华的指导者，也很难与这样的人保持有效的沟通。以下是糟糕的倾听者的一些特征。

1）避免眼神接触，或经常两眼放空。

2）全神贯注于其他活动，或者允许其他事情或人打断讨论。

3）反复打哈欠，看手表，给出"是，但是……"这类缺乏重视的答复，或者回避目前正在讨论的话题。

高效的团队领导者可以使用以下多种技巧与那些糟糕的倾听者进行沟通。

1）直言不讳法

2）防患未然法

3）对症下药法

4）最后通牒法

5）曲线救国法

（1）直言不讳法

这种方法要求你一旦发现问题，就直接告诉对方。你可以尝试说：

"我觉得你没有在听我说的话，我不知道在这种情况下要怎么做。你有什么建议吗？"

或者，如果你知道这个人通常对他人的感受很敏感，重视维护人际关系，你可以表达自己的感受：

"你没有注意到我说的话，我感到有点失望。"

（2）防患未然法

如果对方在过去总是不愿意倾听你的观点，你可以尝试说：

"我知道我们过去的沟通总是不太成功，但我们能再试一次吗？可以请你试着听听我对这个问题的看法吗？"

（3）对症下药法

对症下药法旨在引导对方反思自己的行为，进而促成其认识和行为的改变。你可以这样说：

> "你似乎给人一种没有专注于我们的讨论的印象，你有没有想过为什么会这样呢？"

（4）最后通牒法

作为一个团队领导者，有时候（当然很少）你需要运用你的（正式或非正式的）权威来吸引同事的注意力，并传达所讨论问题的严肃性。在这种（希望是很少见的）情况下，你可能需要采用最后通牒法：

> "如果我们不能在不受干扰的情况下讨论这个问题，那我只能不考虑你的意见，直接决定并继续向前推进了。"

（5）曲线救国法

最后，我们必须接受每个人都有截然不同的工作风格、互动方式和沟通方式。有些人喜欢用书面交流来代替口头交流，因为他们可能觉得这样做能够让他们在反馈前进行充分的思考。还有些人可能因为工作风格的差异而让人难以与之舒适地相处。在上述情况下，有两种可能的选择：

1）以书面交流的方式（写便条、备忘录、电子邮件）来表达你的关切或意见，并询问他们的想法。

2）通过这个人信任的第三方（你的同事）来进行间接的沟通。

我们建议你尽量避免仅使用书面交流或间接交流的方式。尽管这两种方式可能让人感觉舒适，但它们会剥夺你面对面交流的机会。而且，这两种方式虽然可以传达信息，但无法传递情感，也无法在你与你试图帮助的人之间建立起信任。

| 第七章 |

管理要因人而异

你怎样理解和应对人们的差异?

不是每个人都可以用同样的方式来管理(或激励)的。管理者必须学会根据每个员工的兴趣点来与他们打交道。

我们以"承诺"这个概念为例来探讨人们之间存在的差异。人们都需要对某些事情或某些人做出承诺,但人们会因什么而做出承诺呢?(个人短期私利不在讨论范畴内。)表 7-1 展示了一些可能性。

表 7-1 不同的承诺对象及承诺的原因

承诺对象	承诺的原因
团队战略	愿景
团队	忠诚
你	感恩
同事	团队精神
下属	责任感
客户	服务精神
工作本身	成就感

在团队中,有些人会致力于实现团队的目标,也就是团队战略。他们

渴望成为实现团队愿景的一分子，愿意付出超乎常人的努力。遗憾的是，并不是每个人都能对团队愿景产生共鸣。有些人对它毫不在意。

也有些人可能会对团队非常忠诚（与团队战略无关），并会竭尽全力来履行他们对团队的承诺。

也有很多人对团队的愿景并不关心，也并不忠于团队，但在这类人中，可能有一些人认为自己对你个人有一种特殊的承诺。或许在过去的某个时刻，你对他们特别有帮助，他们因此觉得自己欠你一份人情。所以尽管他们不会为了团队或愿景而全力以赴，出于对你的感恩之心，他们会无条件地答应你的请求。

当然了，团队里也有人对你没什么特殊的情感。但这并不意味着他们没有愿意为之奉献的对象。他们可能对同事和合作伙伴有所承诺，他们愿意通过加班的方式来做出贡献，这不是为了你，而是出于团队精神。

然后还有一些对团队精神免疫的"不合群"的人。你还能激发他们的热情吗？当然可以！有些人对那些为他们工作的人（即其下属）有强烈的责任感，会尽全力确保他们受到照顾。

但是，如果有人对愿景、忠诚、感恩、团队精神或责任感都没有反应，该怎么办呢？还有其他选择吗？我们可以考虑另外两种情况。第一，对客户有所承诺。有些人会尽自己所能去完成分内的工作，这不是出于对团队或公司的忠诚，而是因为他们想要维护好客户关系和客户利益。

第二，对工作本身有所承诺。对于那些既不关心团队也不关心客户的人，你有时可以通过发起挑战来激发他们的热情，比如说："我打赌你做不到这个！"他们承诺的动力可能来自战胜工作中的困难所带来的成就感。

每个人都是独特的，因此我们不能以同样的方式对待每个人。尽管如此，还是有一些思考人群（如果你坚持要分类的话）的方法可以帮助你更深入地了解你需要管理的每个个体。

对人群分类的思维模式

回想一下你最近参加的一次团队会议。大家都聚集在会议室里吃午饭，大约在 12 点 10 分的时候，你的团队成员准备开会。还记得每个人是怎么进入工作状态的吗？

团队中，通常会有个像萝茜一样的人，她总是有些关于重要客户的事情需要紧急处理，她希望知道这次会议要持续多久，另外真的需要开这么多现场会议吗？

与此同时，安东尼在打探每个人的周末过得如何，他想知道大家都忙些什么。埃米正在研究会议议程，嘴里嘟囔着为什么有些书面报告不可以在周五就发给大家，这样她就有时间在周末研究它们了。还有埃利奥特，他正在绘声绘色地向周围的人讲述上周他怎样巧妙地为客户解决了一个重要问题。

接下来就是你了，团队领导者。你坐在桌子的一头，正在琢磨究竟怎样才能让这一屋子乱哄哄的"指南针"们进入同一个磁场。

这些人都是你的团队中的关键成员。他们有着不同的思维方式、沟通风格、决策方法和行为方式。他们利用时间、管理情绪、处理冲突和应对压力的方式也各不相同。但这并不意味着他们比你差或者比你好，只是不同而已。

如果团队领导者没有考虑到这些差异，团队成员可能会感到不舒服，产生误解，这样就很难建立起良好的人际关系和信任。

求同存异

幸运的是，人们的行为并不是完全随机的。实际上，它们比我们想象得更具规律性，即使在表面上存在差异，但仍然可以被解释和预测。

虽然你的团队成员的表现似乎各不相同，但只要你愿意花时间去理解他们，了解他们独特的风格和观点，并有意识地调整你的合作方式，你就会惊讶地发现他们的行为有一定的可预测性。当然，这并不是说你将能够预测每个人的一举一动，你当然无法百分之百确定他们的具体反应。在人际关系中，没有确定性，只有可能性。

你有没有留意过，一个擅长与客户打交道的专业人士，在初次拜访客户时将会有怎样的表现？他可能会从观察对方的举止和喜好中得到一些线索，然后根据这些线索来调整自己的行为。这是他成为高手的原因之一。他明白，人们喜欢和自己相似的人！

无论你想建立何种有建设性的关系，同样的原则都适用。因此，我们需要更多地了解人们的行为方式和动机，尤其对于我们想要管理和指导的人。

了解人们行为的准则

心理学家已经提出了用于解释和理解人们的行为方式的许多概念。许多顶尖的会计师事务所和咨询公司都采用了大卫·梅里尔博士（Dr. David Merrill）在20世纪60年代开发的人际交往技巧，以优化客户关系和提高管理人员的能力。我们发现这些技巧非常有帮助。以下内容可能并非原创，也并不一定适用于每个人，但我们认为这是一个很好的起点，可以帮助你更好地理解不同人群以及他们希望如何被对待。

梅里尔发现了对预测个人行为具有重要意义的两个行为维度，即"坚持自我"（assertiveness）和"响应他人"（responsiveness）。在实践中，一个人坚持自我（与"强势"即aggresiveness不同，两者有很大区别）的程度，体现为他被他人认为有决断力或指导力的程度。简单来说，坚持自我的程度可被视为一个连续的区间，区间内一端的人喜欢"告知"，而另一端的人更倾向于"询问"。

"坚持自我"的程度比较高的人，通常有如下特点，包括讲话声音大，语速很快，发言比别人更频繁。他们会向别人施加压力以促使别人做出决策，采取行动。他们在表达观点、提出请求和做出指示时也会非常直接。他们更倾向于冒险，而且常常更具对抗性。他们可能会在讨论过程中毫不犹豫地打断别人，并试图掌控局面。

与此同时，"坚持自我"的程度比较低的人（这里不涉及价值评判）通常倾向于提问。他们在表达时更为克制，声音较轻，会尽量避免强烈的眼神交流，想要在做出任何决定之前先观察情况。他们之所以询问，要么是为了了解他人对问题的看法，要么是为了获得尽可能多的信息。

坚持自我不是一种固定的人格特质，而是一种可观察到的行为。我们不会判断任何行为好或不好。区分"坚持自我"的程度只是一种有效的方式，用来观察和描述你如何看待一个人的行为——或者别人如何看待你的行为。

现在请想想你们团队中的每位成员，**你能确定他们处于这个"坚持自我"区间的哪一端吗？你可以拿一张白纸画一条横线，在左端标注"询问型"，在右端标注"告知型"。现在请分别在两个端点下面写下你可以很容易观察到属于这两种类型的成员的名字。**

在"坚持自我"区间的两端，都存在有所成就的人。"坚持自我"的程度比较低的人，会冷静而从容不迫地试探客户，一个问题接一个地询问，直到最后客户眼前一亮并提出建议："你知道吗，我觉得我们最好还是选择 X 方案。"（而这个专业人士则会积极回应客户的建议："哦，好主意，让我们立刻开始为您做这件事吧！"）

与之形成鲜明对比的，是那些"坚持自我"的程度比较高的人，他们往往选择直接告知自己的想法："乔治，你最好考虑下如何处理 Y 事情。现在来我的办公室，我们制订一个计划，看看接下来怎么做。"

上述两种风格都有它所适用的情形。在与客户进行沟通和合作时，需要根据客户的特点和需求采取相应的方法。想象一下，如果一个"坚持自我"的程度很高的专业人士用"告知"的方式来对待一个喜欢三思而行的客户，结果可能就不会太令人愉快了。

还有一种观察行为的方式是评估"响应他人"的程度，主要是指观察人们如何表达自己和做出反应。有些人比较内敛，会克制自己的情绪；而有些人则更愿意表达自己的想法或者说出他们的真实感受。

会积极响应对方的人（即情感丰富的人）看起来很友好，面部表情（例如，微笑、点头、皱眉）丰富，能自如地运用手势。他们喜欢交流、分享个人感受、讲述趣事，对时间的要求也较为灵活。相反，更内敛和不太乐于响应的人可能经常面无表情，你永远不确定他们是否同意你或者团队中其他人所说的话。但你会发现这类人纪律性很强，思考问题时很专注，能够有条不紊地处理手头的工作，并且总是需要核实事实和细节。他们很有时间观念，不太愿意闲聊。你可能会觉得这样的人缺乏感情或者社交技巧。事实上，他们也有强烈的感情，只是不太会表达出来而已。

现在，再拿出一张白纸画一条竖线，在上下两端分别标注"克制型"和"情感型"。想想你的团队成员，哪些人天生就比较内敛，哪些人敢于表达自己？你自己又属于哪一类呢？

梅里尔博士告诉我们，其他人后续的研究证实了他的观点，即无论我们在"坚持自我"和"响应他人"这两个维度上所处的位置如何，我们都有能力在职业生涯中取得重要成就。

不过，与这两个维度相关的行为习惯模式在我们成年后已经根深蒂固。虽然在特定情境下，我们可以增加或减少对自我意识或情绪的表达，但是这种刻意变化只能维持相对短暂的时间。（毕竟我们就是我们，We Are Who We Are！）

假如你是一个脚踏实地的人，习惯从现实出发，根据事实和信息进行决策。但现在你需要与那些喜欢花时间设计"宏伟蓝图"的人一起开会，分析每一个决策可能对未来产生的影响。

此时有两种选择。你们可以选择硬着头皮自说自话，但这样做很可能会使双方站在对立面上，产生烦躁和紧张情绪。你也可以尝试去理解对方只是展示出了他们独特的风格，而你需要努力适应。然而，达成妥协并不是一件轻松的事情，你需要改变自己的风格，这可能会引起短期的不适感。你所面临的压力取决于你对不同风格的理解程度，以及你需要多长时间来改变自己的风格以实现你想要的结果。

这一切不是操纵或控制他人去做你自己想要的事情，而是关乎如何成为一个有效的沟通者。

解读同事行为的关键

在上文中，我们已经从"坚持自我"和"响应他人"两个维度进行了分析，接下来，我们把这两个维度结合起来，用以了解个体的风格特点，了解同事们可能所属的风格类型，他们的期望以及你需要如何与他们合作。风格矩阵（表 7-2）提供了一个简单的参考框架。

表 7-2　风格矩阵

克制型
（弱响应型）

| | 分析型（希望做得对） | 驱动型（希望办得到） | |
| 询问型（坚持自我的程度比较低） | 友善型（希望处得来） | 表达型（希望得到关注） | 告知型（坚持自我的程度比较高） |

情感型
（强响应型）

我们普遍对将人们划分到特定类别中存在一些担忧，因为我们都不希望被限制在某种特定的"盒子"（定义）里。因此，在使用这个风格矩阵时，我们应该注意不要只关注特定标签的含义，而忽略了表现该风格类型的行为整体。

尽管有上述顾虑，风格矩阵还是为团队领导者们提供了有价值的个体画像，有利于他们进行团队管理。罗伯特·杜波夫曾说：

> 在美世咨询公司，我们让每个合伙人都使用这样的分析方法，并鼓励他们与整个团队一起使用。效果非常好。它不是什么感性而神秘的东西，相反，是非常具有实践参考意义的，可以揭示出人们在沟通方面的不同偏好。
>
> 从最简单的层面来看，这种分类意识能使你成为一个更好的领导者，因为你能明白，有些人可能喜欢使用语音对话，而有些人可能更喜欢电子邮件。尊重他们的偏好，表明你将每个人都作为一个独立的个体对待。
>
> 根据个人的风格偏好来调整与每个人沟通的方式，信息传达将更加顺畅和有效。当然，对每个个体的更深入理解也有助于更好地组织团队会议。

全球性专业服务公司很清楚地知道，了解团队成员的差异以及不同的行为模式对公司而言具有重要意义。约阿希姆·弗兰克（Joachim Frank）是惠普咨询事业部的 IT 解决方案总监。他领导的团队致力于通过战略咨询、业务整合和技术实施服务来帮助公司实现业务转型。他告诉我们：

> 没有人希望被标签化，也没有人希望去标签化他人，但为了取得有效的结果，你必须学会如何与不同类型的人群打交道。作为一个在美国工作的德国人，我深刻地意识到一个事实，即德国

人的做事方式与美国人不同。没有好坏之分，只是不同而已。就
像其他人一样，我也不得不学习如何根据不同人的个性来管理他
们。在惠普提供的几乎所有核心培训计划中，都嵌入了强调和提
升跨文化和跨地域工作效能的元素。

人的行为并不完全是随机的，我们可以通过观察人们日常的行为风
格，来获取与他们相处的最佳方式的线索。接下来，让我们看看风格矩阵
能否为你提供一些重要的见解，帮助你更好地与同事合作并指导他们。

（说到这里，四种风格类型的同事的内心活动可能如下：驱动型同事可
能会想，"能不能直截了当地说重点？"分析型同事则不确定是否有足够的
实际数据来支持这个矩阵。友善型同事则完全拒绝接受这种把人塞进风格
矩阵里的想法，并且想知道为什么我们不能接纳人的真实面貌。而表达型
同事可能会在心里想，"那些知名的会计师事务所和咨询公司都在使用这
个矩阵吗？能不能为我提供一些具体例子，我可能会更容易接受！"）

驱动型同事（"办得到"）

驱动型同事指那些被认为坚持自我的程度比较高，但在响应他人方面
不太积极的同事。**当他们能够掌控自己、工作环境以及与客户的交易时，
他们感到最自在。**他们以结果为导向，追求高效率和快速完成任务，并为
此感到自豪。驱动型同事在交流时语气坚定有力，并且更喜欢口头交流而
不是书面沟通。

驱动型同事善于决断，喜欢迎接挑战，在时间紧迫的情况下仍能表现
出色。这样的人会把你的事情塞进他的日程表中，但会告诉你他的时间有
限。有时候，驱动型同事可能会因为缺乏耐心而不太倚重事实，只凭直觉
或专业判断做出决策。你可以预料到，这类同事更容易改变主意，这常常
让身边的人因其突如其来的思维转变和计划调整而措手不及。在驱动型同

事眼中，情况变了，应对的方案也必须进行调整。

驱动型同事经常会连个招呼都不打就给你打电话，没有寒暄，直接进入正题。他们会把对话引向重要的任务和目标："我觉得我们明天就可以实施这个"或者"我觉得这个讨论可以结束了"。他们直接的交流风格以及快速的表达、身体前倾的姿势、有力的手势和锐利的目光，很容易给内向的成员带来压迫感。

驱动型同事能在短时间内完成大量工作。然而，如果他们感到自己没有被尊重，或纯粹被当作工具对待，就有可能导致表面上取得了很多工作进展，实质上并不能产生真正有意义的成果。他们可能会减少对工作的投入，甚至公开表达反对意见，这可能导致工作进展的延迟甚至最后的失败。驱动型同事的强势性格可能让你以为他们不在乎别人。但实际上，驱动型同事往往在关心他人时选择不说出来，而且他们的肢体语言可能无法展示其关切程度。驱动型同事是行动派，他们会通过实际行动来表达自己的情感。

分析型同事（"做得对"）

接下来，说说分析型同事，他们是最重视细节和事实的人，坚持自我和响应他人的程度都相对较低。**他们喜欢深入挖掘信息，希望通过数据来支持和论证自己的想法，希望通过仔细研究细节和权衡各种选择来减少不确定性，所以常常在做决定时纠结不已。**

分析型同事通常是很有条理的，你很可能会看到他们的办公室大门紧闭。他们的办公室装饰往往简约实用，有图表、资格证书和与公司相关的照片等。一切都摆放得井然有序。

分析型同事通常话不多，他们更倾向于提问而不是表达。他们的穿着比较正式得体，总是需要知道自己要去哪里，偏好书面交流。他们行事谨慎小心，擅长处理复杂的情况。分析型同事似乎更注重完成任务而不是与人建立关系。他们追求准确性，并期望他人也能做到这一点。他们有完美主义倾向，设立了很高的标准，对自己要求严格，愿意付出时间和精力去做能够达到或超越这些标准所需的工作。

他们不善于交际，更喜欢独立工作而不是与他人合作。他们愿意公事公办，而不愿意主动透露太多的私人生活。尽管他们喜欢独处，但在困难时刻，他们会出人意料地展现出忠诚的一面。

分析型同事在电话沟通时喜欢简短明了，并倾向于使用结构化、谨慎的语言模式来表达自己的观点。当他们可以凭借具体的事实或深入的分析来维持自己的立场时，他们会在激烈的讨论中坚守自己的立场。他们会尽量避免冲突所带来的情绪化，当他人情绪失控时，分析型同事会保持冷静并避免加入情绪化的争吵。他们相信通过理性思考和清晰的表达可以解决问题，虽然有时候这种做法会适得其反。

友善型同事（"处得来"）

友善型同事不会表现出强烈的坚持自我的意识，但他们会积极响应他人。他们不太想把自己的行动和想法强加给团队，更喜欢保留自己的意见。**他们非常注重他人的感受，往往表现出极大的耐心和同理心，并认为花时间来建立人际关系非常重要。**

相较于其他人，友善型同事更愿意扮演合作者的角色，他们乐于投入时间，渴望提出能够触及事情核心的问题。他们善于利用人际关系来实现目标，擅长鼓励其他人扩展自己的想法，能够看到他人所做贡献的价值。与表达自己的观点相比，他们更真心地关心他人的问题。

你要是走进一个友善型同事的办公室，很可能会看到很多团队合照、家庭照片和纪念品，甚至还有用相框裱装的座右铭。友善型同事往往更喜欢坐在同事中间办公，方便与他人进行交流。他们走路的姿态很放松，会向别人主动问候和打招呼，你如果在走廊中偶遇一个友善型同事，你们很容易就能攀谈起来。友善型同事对你昨天做了什么，或如何按照一定的步骤完成了某个交易，都会表现出真诚的兴趣。他们喜欢以一种系统而有序的方式处理客户工作，但并不痴迷于设定目标或计划。

友善型同事喜欢面对面的交流，不喜欢通过正式的电话会议或电子邮件沟通。他们通常会委婉地表达自己的意见，遵循一贯的做事方式，常常推迟决策，更喜欢与他人协商，而不是独自决定。在交谈中，友善型同事会透露一些自己在个人生活中的事情，让你觉得你比其他人更了解他们。然而，他们在某些方面也会很谨慎，不会把重要的想法和感受都表达出来，会隐藏愤怒和对他人的批评、判断。一个友善型同事可能外表看起来很平静，但内心其实正在经历一场暴风雨。

表达型同事（"得到关注"）

表达型同事坚持自我的程度和响应他人的积极性都比较高。他们比较强调自我的存在感，擅长表达自己的情感，并且总是表现得充满热情和活力。**他们通常拥有敏锐的直觉，当他们将个人力量与情感表达相结合时，是非常有说服力的。**

你会清楚地知道你进入的是一个表达型同事的办公室——办公桌上可能散落着一堆文件，甚至会沿着地板摊开。因为他们对视觉刺激很敏感，所以更喜欢将所有东西都摆在他们能看到的地方。你可能会看到记录着想法的便利贴随意贴在各处，看起来好像是乱贴一气的，但表达型同事会告诉你，其实这些乱七八糟的排列中有一定规律。

表达型同事天生喜欢说话，经常"想到哪儿说到哪儿"，话题跳来跳去，似乎完全不按照逻辑进行。他们常常被看作能够垄断对话的人，而且说话的时候肢体语言非常丰富，他们多变的情绪语调和丰富多彩的词语选择甚至可能会有些夸张。手机是他们最喜欢的工具，因为可以用来扩展对话（经常是关于八卦趣事），以获得满足感。

表达型同事是外向、夸张而富有戏剧性的，他们喜欢成为众人瞩目的焦点。他们喜欢不拘一格的事物和充满激情的体验。他们总是充满活力，享受忙碌的时光，但讨厌整天待在办公桌前。他们喜欢与他人合作，擅长与许多人建立联系以帮助他们实现目标。

在团队会议上，表达型同事会不断在椅子上晃来晃去，如果感到无聊，他们会开小会。他们通常极具创造力，有远见，并且喜欢审视"大局"，而不是陷入琐碎的细节中。他们鼓励他人超越平凡和实际的事物，看得更远。

当你和其他人正努力构建表达型同事想象并设计的那些未来城堡的细节时，你可能会发现他已经跳出了这个讨论，开始自顾自地构想其他的城堡了！表达型同事往往比较冲动，喜欢先行动后思考。他们的座右铭是："先跳进泳池再看看有没有水。"这种冲动往往给他们和其他人带来麻烦。他们倾向于根据眼前的机会来进行选择，而不是按照事先制订的计划去执行。他们并不擅长时间管理。当他们情绪被调动起来时，通常会成为很好的激励者，但与其他类型的同事相比，他们也更容易陷入情绪低落的状态。

进一步思考

在描述这些风格时，我们显然是以概括的方式进行的。没有人会百分之百符合其中某一种风格。一般人会有其中一种风格的大部分特点，但并非全部。所以在与任何一个人一起工作时，你需要关注其主要风格的特点，同时也留意那些可能是例外的行为。

不要固守对任何人的刻板印象，给自己一个机会去更深入地了解每个人。根据你观察到的细节，判断对方的风格，并以此为基础进行验证。然后，将你的假设付诸实践，展现与你同事相似的特点。如果你调整后的行为使这个人更容易与你产生共鸣，那么你很可能对你同事的风格做出了准确的评估。

记住这一点：没有哪种风格比其他风格更好或更差，只是不同而已。但了解这些差异，将帮助作为团队领导者的你取得成果。

因材施教

如果你问每个同事他们心中理想的团队领导者是什么样的，很可能会得到很多截然不同的回答。

萝茜（驱动型同事）："你得明白很多工作都需要我亲力亲为，我需要保持专注。所以，我只能腾出有限的时间和团队领导者进行沟通。而且，我只对那些实际可行的建议感兴趣，不愿听取不成熟的想法。"

埃米（分析型同事）："我希望团队领导者思维缜密，能够未雨绸缪。希望他能在给出建议之前，先听听我所了解到的情况，不要表现得无所不知，无所不晓。先问问题，然后倾听。团队领导者需要能够理解与我的业务有关的一切，并针对我目前的客户、我面临的问题，给我一些切实可行的建议。"

安东尼（友善型同事）："我想团队领导者最重要的是开诚布公。当其他人对我隐瞒了他们的真实意图时，我会感到难以应对。我最希望有一个关心我和我的处境的团队领导者。我希望我们能够一起合作。"

埃利奥特（表达型同事）："我希望团队领导者有魄力，但这不代表我们之间不能共同讨论想法。不要在细节方面对我过于苛求。我想看到一个有能力、有想象力的人，能够激励我们团队实现梦想。"

每个人都有自己独特的行为方式和做事方式。你只有与每一个人都建立起积极的关系，才能激发和推动他们取得进步。为了实现这一点，你需要做好准备调整自己的风格以适应他们。

重要的是，要认识到你自己也属于我们所列出的四种风格之一。因此，你会发现你与一些人有着完全相同的特征。在这种情况下，与这些人建立关系不会有太大困难。

但如果你发现，你和某些人在某一行为方面（坚持自我或响应他人）是相似的，但在其他方面是不同的，这意味着你需要做出一些必要的调整，从而与他们建立更好的关系。当然，有些人在这两个方面都和你非常不同，与他们相处可能会更具有挑战性。

为了与你的团队成员建立有效的指导关系，你需要临时调整一下做事风格，就像下文所描述的那样。在开始下面的内容前，请想出四位同事的名字，他们分别代表四种风格的人，这样在我们给出有针对性的建议时，你可以收获更具体的参考。

为了帮助你做到这一点，我们在表 7-3 中总结了每种风格的要点。

表 7-3　四种风格的要点

类别	驱动型	分析型	友善型	表达型
追求	掌控感	精确度	被接纳	认同感
优势	执行力、领导力、创新能力	计划、系统性、统筹安排	倾听、团队合作、跟进能力	说服力、热情、善于交际
成长空间（弱点）	缺乏耐心、不敏感、倾听能力差	完美主义、过于挑剔、反应迟钝	过于敏感、行动迟缓、缺乏大局观	不关注细节、注意力不集中、跟进意识弱
反感的行为	低效、优柔寡断	杂乱无章、逾越常规	缺乏共情、不耐烦	循规蹈矩，纠缠细节
面对压力时的消极反应	专横、批判	孤僻、执拗	顺从、优柔寡断	讽刺、肤浅
决策方式	果断决策	深思熟虑后决策	协商决策	即兴决策
恐惧来源	被利用	对个人工作的批评	突然发生变化	失去社会的认可
安全感来源	控制权	充分准备	亲密关系	轻松自在
个人价值来源	事情结果，影响	精确性、准确性	团队协作、个人贡献	认可、赞美
内在动力	胜利	过程	参与感	表演

与驱动型同事共事

驱动型同事说话直接、不拖泥带水，喜欢掌控一切。他们通常（或想要变得）非常忙碌，可以兼顾多个项目，迅速应对各种任务。要想与他们建立有效的指导关系，你需要帮助他们控制局面。

如何指导驱动型同事

和一个驱动型同事交流时，要全神贯注地听他讲话，主动询问他在工作中遇到了哪些问题或有没有关心的事项。问一些与这次交流的目的直接相关的实事求是的问题。讨论对结果的期望，以引导对方表达自己的想法。更多地关注任务本身，而不是个人感受。

问问他会如何解决这个问题。准备好倾听他的建议、他所考虑的行动方案以及预期结果。与驱动型同事合作，要明确他们的优先事项。为了节省时间，驱动型同事通常会尝试寻找捷径。你需要帮助他们确定最简单、最快捷的路线，以帮助他们达成目标。

驱动型同事喜欢自己拿主意。如果你只是简单地提供一种行动方案，可能会被他们否决。因此，提出建议时，最好能同时提供备选方案，并附上任何你可以提供的参考文件或相关案例。你要提供确切的信息，帮助他们评估每个备选方案的可能结果。你需要展示你的建议是切实可行、简单直接的，能够达到他们想要的结果。当你想要提出不同的想法、意见或行动方案时，一定要表达出实现共赢的意愿，并始终尊重对方的立场和情感。

驱动型同事不善于计划。因此，他们希望你能够提供一份简单、直接、以结果为导向的行动指南。他们会以强大的执行力，按照标准、进度和预算完成任务。为了及时了解事情的进展，你最好能够与他们保持有效的沟通，可组织定期的信息交流会议。

如何激励驱动型同事

管理好驱动型同事可不是件容易的事，因为他们希望管理你！他们热衷于变化和创新，能够带来各种新的创意，所以他们是参与新的"前沿"项目或实践开发计划的最佳人选。胜利比其他任何事物都更能激励驱动型同事。要确保他们能认识到，与团队保持沟通是必要的，否则他们将不会与团队一起取得成功。

如何给予驱动型同事认可

你需要密切关注驱动型同事的成就和进展。尝试将他们个人成就中的某些方面与团队的利益联系起来，同时也要从团队目前取得的成就中找出他们个人所做出的贡献。

与分析型同事共事

分析型同事关注细节。要想与分析型同事建立指导关系，你需要有条不紊、清晰明了地表达自己的想法，并准备好回答关于当前情况或实施细节的大量问题。 你要展示出你已经对每个细节都进行了深入调查，只有这样你才会赢得他们的信任。此外，要做好倾听的准备，因为他们可能会以远远超出你预期的细节来说明其想法或项目进展。

如何指导分析型同事

分析型同事非常注重守时。无论是撰写备忘录还是参加电话会议，他们总是努力确保按时完成任务。你在跟他进行一对一会议时，可以有一些活跃气氛的开场白，但应简短，不要过多涉及个人话题，尽快进入正题。

分析型同事会期望你做好充分准备，而不是闪烁其词，敷衍了事。你应该预测哪些是可能会被问及的问题，并在会议前收集和整理所需的数据。即使是一对一的会议，分析型同事也期望看到一个书面的议程。如果你已经有了这样的议程，需要提前给他，以便他提前考虑会议上的话题。

与分析型同事交流时，不要过多依赖肢体语言，更重要的是关注你的措辞。使用"我认为"（I think）比"我觉得"（I feel）更好。同时，交流时要以事实陈述为依据。分析型同事喜欢听到这样的说法："我已经分析了这个情况"，"我提出这个建议的目的是……"，"综上所述……"，"在我给出意见之前，请让我获取更多信息"。

如果要向分析型同事示范完成某件事的方法，他很可能希望先掌握总体安排，然后进行修改以满足他的需要，在他看来这样工作效率更高。

在制订行动方案时，除了分析其优点之外，还需要辩证地指出可能存在的不足。这样做可以赢得分析型同事的尊重，他也会考虑其他替代方案。分析型同事尤其不喜欢变化，因为他们认为未来是一个未知的变量，隐含风险。因此，他们如能充分研究变化的后果，就更容易接受可能的变化。

你可以预料到的是，分析型同事大多在面临风险的时候，会持保守态度。所以在可能的情况下，要证明你提出的方法是一个相对安全的选择。要避免打感情牌或人云亦云，要用事实说服他们。

当你试图纠正他们的行为时，要明确指出需要改变的具体行为，并通过协商达成一致，确定跟进计划。注意要为分析型同事保留一些面子，因为他们害怕犯错。当你不同意某个观点时，可以尝试这样说："给我一分钟，我只是想让你听听看另一种观点。"

沟通要速战速决。同时，要考虑到分析型同事的偏好，最好采用书面形式记录会议内容，并准备一份全面的跟进报告，附上必要的支持材料。如果已经做出决策，报告中应包含逐步实施的时间表。务必信守承诺，因为如果你无法兑现承诺，分析型同事会比其他人更快地失去对你的信任。

如何激励分析型同事

考虑到分析型同事对准确性和逻辑性的追求，要确保你的方法清晰明了、易于理解。分析型同事具有深刻的洞察力。他们习惯基于事实和可靠信息做出决策，所以当他们说"我需要考虑一下"时，通常意味着他们需要搜集事实和可靠信息。请尽量提供他们需要的材料和文件，并给出截止日期和工作范围，以便他们能够合理安排时间。

如何给予分析型同事认可

分析型同事更喜欢私下收到具体的反馈。这些人通常自我要求严格，所以请尽量让你的反馈清晰简洁、有逻辑性。评价的内容可以包括行事效率、思维方式、组织能力、毅力和准确性。

与友善型同事共事

友善型同事在团队中往往是出色的合作者，能够为团队带来和谐和稳定。他们擅长鼓励他人表达自己的想法，能够看到他人的贡献和价值，并且会非常真诚地倾听你的担忧，而不是急于表达自己的意见。要想与他们建立有效的指导关系，需要注意对方的情绪和感受，展现出耐心，投入时间和精力，与他们建立深入的联系。

如何指导友善型同事

和友善型同事一起合作时，要有足够的时间来了解他们的思想和感受。一开始，先和他们进行一些私下交流。因为友善型同事通常会表现出对他人生活的兴趣，所以与他们分享一些自己生活中的事会有助于拉近彼此的距离。你要准备好比平时说得更多而不是倾听。当聚光灯聚焦在他们身上时，友善型同事会感到不太自在。他们倾向于将自己的意见深藏心底。如果你没有展现出真诚的倾听意愿，他们可能会选择沉默不语。

当你与友善型同事进行一对一交流时，要礼貌地请他们对你想讨论的话题提出意见和看法。在解释你的想法时，你要时刻邀请友善型同事参与对话。要始终确保他们理解并接受你所说的内容："这与你的想法一致吗？""我想知道你对我刚刚讲的内容有什么看法。"

不要期待友善型的同事会直接表达他的不同看法，你应该通过观察他的肢体语言和面部表情来判断他的反应。如果你感觉到他对某个提议并不赞同，可以邀请他谈谈他的观点："似乎有些人对这个计划的某个方面有异议，我很想听听你的看法。"

在面对问题或需要做决策时，应当确保每次只专注于讨论一个话题或一种情形，并且逐步推进。在着手处理其他项目之前，确保友善型同事已经准备好、愿意并且能够这样做，以使他们能够冷静、轻松地处理问题。当提出不同的可能性时，你要鼓励友善型同事分享他的建议，从而以一种最大限度地减少对相关人员造成干扰的方式做出最终决策。

当你试图纠正友善型同事的行为时，要意识到他们倾向于把事情私人化。你需要向他们保证，你只是就事论事，而不是针对他们本人。要以不具有威胁性的方式指出他们正在做出什么贡献，同时强调哪些方面需要改变。

如何激励友善型同事

友善型同事希望通过完成自己负责的项目来与他人建立良好的关系。因此，你可以满足他们巩固人际关系的需求，以此来激励他们。友善型同事通常是最乐于助人的。当有人遇到困难时，他们经常会慷慨地放下手头的事情来帮忙。同样地，当他们在面临压力或需要帮助时，如果你能施以援手，他们会非常感激。

如何给予友善型同事认可

要认可友善型同事在鼓励团队成员、团队合作和可靠性方面的贡献。

与表达型同事共事

表达型同事通常充满活力和热情，喜欢参与各种不同的活动。他们可能以出色的方式完成目标，也可能只是纸上谈兵，事实上没有完成任何实质性的工作。他们可能会提出许多新颖的观点和方案，但并不一定知道如何将其应用到实际中。要想与他们建立有效的指导关系，你需要满足他们建构理念的需求，同时帮助他们填补缺失的部分。

如何指导表达型同事

在与表达型同事进行一对一会面时，要确保有足够的时间进行交流，因为他们不喜欢循规蹈矩。在会议开始前花几分钟来建立融洽的关系是很重要的。你可以表达对他个人的关注，并给他表达自己的机会。

表达型同事需要与他人有开放和互动的交流。由于表达型同事的情绪波动会对他们的行为产生影响，因此了解并回应他们的感受非常重要。同时也要理性地认识到，他们有时会采用夸张的表达方式，可能会夸大事实。

你还可能会发现，表达型同事更喜欢从宏观的角度看问题。当问题的细节非常重要时，你要确保表达型同事不会忽略它们。你或许有很多话题想讨论，但他们没有足够的耐心去倾听。开会前，把你想要讨论的清单精简到几个要点，专注于最重要的事项，并先给他们一个概述。要用直截了当的陈述句，尽量避免使用"尝试""或许""可能"一类的词语。

在进行指导的时候，你要避免一次性给表达型同事过多的任务和信息，否则他们会感到压力过大。他们可能会在没有做好准备或者还没完全理解的情况下就急于尝试。你可以通过巧妙提醒和实际协助来引导他们的热情，帮助他们优先处理重要事项并组织工作。尽管表达型同事可能一听到规划、组织工作就会感到不满，但事实上，当工作变得更有组织时，他们的焦虑水平会降低。

表达型同事通常都是梦想家，这种说法既有褒义又有贬义。他们经常对团队有更美好的设想。但是如果他们的设想不切实际，或者你不能完全赞同他们的提议，就要帮助他们适当加入一些现实主义元素，或者明确表达你的反对意见。表达反对意见时，一个有效的做法是，用他们所崇拜或尊敬的人的建议做背书。

当你提出一个行动方案时，要充满激情地表达。表达型同事喜欢情感上的呼应和共鸣，他们对自己做出的选择和所做的事情感到兴奋。他们首先在脑海中形成图像，然后将这些图像转化为言语。他们的决策更多基于冲动、直觉和他人的看法。因此，你需要支持他们的观点和梦想，同时向他们展示如何将言语转化为行动。

尽可能在做决策之前向表达型同事征求意见。如果他不同意你的观点，通常他会直截了当地表达出来。他也期望你能这样做。当问题出现时，及时面对并尽快解决。表达型同事认为破除困局的最佳时机就是现在。

如果你有不同意见，尽量避免与表达型同事争论，因为他们不喜欢冲突。而且你可能争不赢他们，因为感知力和洞察力正是他们的强项。请尝试寻找其他解决方案。当你与他们达成一致意见时，务必明确具体的细节，包括是什么、何时、何人以及如何操作。然后，你必须将会议中讨论的内容以书面形式记录下来，因为表达型同事往往会忘记这些细节。

表达型同事希望你以最快的速度完成你正在做的事情，他们甚至希望最好所有事情在昨天就已经完成。然而，你可能会遇到虎头蛇尾的情况，一个在昨天看似非常紧急的方案，今天就可能被扔在角落里吃灰。

如何激励表达型同事

帮助表达型同事在工作中展现他个人的风格。他们讨厌机械地重复过去的工作方式。尝试找到一种你们双方都能接受的工作方式。表达型同事会感激工作中得到的认可，这会促使他们完成任务。他们喜欢不断的嘉奖，也更喜欢短期的小任务。

如何给予表达型同事认可

表达型同事喜欢被认可，因此我们应对他们的贡献表示赞赏。如果能公开表达赞赏，效果会更好。你应努力寻找方法让他们得到他们喜欢的认可，同时确保团队中的其他人也得到应有的赞誉。

| 第八章 |

提携后进

面对那些需要帮助的人，你将如何发挥作用？

当团队中有人没有尽到自己的责任时，为了避免冲突，很多领导者不得不花费大量时间和精力为这些同事找借口开脱，试图合理化问题，而不是坚决纠正。我们或多或少都经历过这种情况：尽管已经明确表达了我们的期望，仍然有人达不到预期。我们以为已经把问题说清楚了，但发现对方的行为仍然令人难以接受。很多团队领导者在遇到这种情况时会感到沮丧，放弃改变，或者将改变的计划推迟。结果让那个人逃脱了责任。

然而，出色的团队领导者一定有勇气在一个麻烦成为大问题之前解决它；会在团队成员真正陷入困境之前提供帮助。而最有效的解决方案，其关键在于坚持，它能传达出你真的愿意帮助他们寻求解决方案，也愿意提供支持。

对待表现不如预期的人，一个常见的错误是在没有做任何准备的情况下找他们谈话，而不是先停下来想想，为什么他们的表现不如预期。在一次团队领导者会议上，我们要求与会者列出其同事表现不佳的常见原因。以下是原因清单。

1）家庭纠纷或其他个人问题（离婚、酗酒、抑郁等）。

2）"职业倦怠"：感觉工作不再有趣或有挑战性。

3）不能胜任。

4）在尝试新事物和追求事业进步时害怕失败。

5）出于对生活质量的考虑，不愿对工作投入更多精力或时间。

6）外部原因，如客户流失或行业低迷。

7）不能与时俱进，被行业淘汰。

8）时间管理不善或效率低下。

9）不知道怎么做才能成功。

10）团队缺乏有效的管理。

11）公司合并带来了不安全感，因此变得封闭和内向。

看完这份清单，如果你认为还有其他可能的原因被遗漏了，那么请补充进去，然后问问自己：现实生活中，上述原因中哪些是最常见的？

对于表现不佳的常见原因，一些参会者选择了以下几点：职业倦怠、失去热情、生活品质选择、个人/家庭问题和外部市场变动。其中一人对此做出了解释：

> "事情是普遍联系的。由于承受高质量工作的要求，你会经常感到辛苦，最终会产生'我不喜欢这份工作'的想法。这还会波及你的个人和家庭生活，让你更渴望提高生活质量，而不是只顾工作。"

团队成员表现不佳的原因，往往不是他们不知道该做什么，也不是他们不愿意付出努力。他们或许有足够的动力去行动，但可能只是受限于其生活中一些深层次问题的影响。要真正找出问题所在并加以解决，唯一的方法就是进行沟通。

我们不知道上述调查结果是否适用于所有人。但我们发现在专业人士这个群体中，表现不佳的原因很少与能力有关，而是与自信心有关。（还记得杰克·韦尔奇在第四章提到的评论吗："让他们感觉自己充满力量。"）

如果你想要有所突破，你必须帮助那个表现欠佳的团队成员在他（和你们团队）所做的事情中找到一些意义。比如，如果根本问题是他失去了对团队工作的热情和（或者）出现了个人问题，你就需要帮助他重新点燃对团队工作的热情、兴奋和激情。

需要强调的是，我们不希望你以偏概全。你的任务是为每个人找出表现不佳的原因。在开始任何正式指导之前，请确保你完成了这个任务。如果是因为家庭矛盾的问题，那么就不需要谈论团队工作的意义。

先提问，再反馈。我们经常过于武断地得出团队成员不够高效的原因。如果你过去一直与团队成员保持非正式的交流，那么你通常很容易找到原因。你需要进行沟通，弄清楚发生了什么。你可以这样表达：

　　"我不想产生误会，但我感觉你最近对工作不够投入。你似乎没有发挥出你过去的正常水准。是不是发生什么事情了。如果可以的话，我很愿意帮助你，有什么我可以做的吗？"

在进行正式指导之前，请记住你要做的是真诚关心（"我该如何帮助你？"），同时让对方自己负责改进。解决团队成员表现不佳的问题，会让很多团队领导者感到头疼。因为团队领导者需要投入时间和精力来满足客户的需求、组织团队任务以及处理其他耗时的项目，这使得关注团队成员的表现成为一项相对容易被推迟的工作。然而，优秀的团队领导者之所以成功，就在于他们不会推迟这项工作。他们知道，改善员工表现的关键是及早主动地解决问题，而不是等到这颗定时炸弹爆炸。

当然，造成表现低于预期的原因各不相同。有些人没有意识到自己表现不佳，而有些人意识到了但是不愿意改进。此外，还有些人正在面临职业发展过程中的困境，需要时间和外部指导来重新调整自己，以适应新的领域。

以下几个重要的步骤可以帮助团队成员提升表现。

1）安排一个会议来讨论你所关心的工作表现问题。

2）向对方重申你对他的信心和支持他的意愿。

3）达成共识，让对方承认他存在工作表现问题，并讨论其原因。

4）识别并讨论个人无法控制的障碍。

5）寻求改进的建议。

6）共同协商确定具体的行动计划，以解决工作表现问题。

7）设定具体的跟进日期，以评估进展情况。

（1）安排一个会议来讨论你所关心的工作表现问题

会议的目的是通过强调你愿意共同解决问题的承诺来帮助对方改善表现。你需要保持积极的态度，充分表达你对他的关心，并明确表示你希望他在会议上能够说说自己的想法。另外记得提前安排会议，给对方足够的时间考虑工作表现的问题。你可以尝试这样说：

> "迈克尔，我想和你在周五聊一聊，讨论一下你目前的工作。我对你的表现情况有点担心。但你肯定比我了解其中的问题所在，我希望听听你的想法。请在这周内好好考虑一下，周五我们再讨论。"

（2）向对方重申你对他的信心和支持他的意愿

这关乎个人的尊严和自尊心。我们都希望有一个在背后默默支持自己的人。

"迈克尔，我知道有时候工作会出现点问题。但你是一个能干的人，我相信你能扭转局面。我会竭尽所能来帮助你。"

作为团队领导者，在处理这类棘手的工作表现问题时，你应该扮演教练、催化剂和啦啦队队长的角色。 如果球队失败，教练谈何成功。你的利益与团队中每个成员的个人表现密切相关。

（3）达成共识，让对方承认他存在工作表现问题，并讨论其原因

你首要的也是最重要的任务，是确保对方认识到他的表现确实不尽如人意。你可能需要为对方设定（或回顾）对其表现的具体期望。你几乎肯定会得到对方防御性的、不合作的，甚至带有敌意的反应，这是人之常情。但请记住，你的主要关注点是具体的问题，而不是他个人。你要保持积极的态度并仔细倾听，找出并理解表现不佳的原因。

当你在谈话中遇到阻力时，明智的做法是问问自己：我这次对话的目的是什么？这个问题就像"断路器"，可以有效阻止你发火。它让你专注于想要实现的目标，而不会感到沮丧或愤怒。关键是要在面对阻力时保持冷静。

（4）识别并讨论个人无法控制的障碍

你的目标是提高工作表现。在某些情况下，可能存在个人无法控制的影响其工作表现的障碍。这些障碍可能是真实存在的（例如，行政政策限制、薪酬分配不公、身体或心理健康问题，或者权责不清），也可能是主观想象出来的（例如，缺乏明确的优先级，寻找方便的借口）。

如果这些障碍是切实存在的，而且你确信无法凭对方自己的力量解决，那么作为团队领导者，你的任务就是帮助清理这些障碍。如果这些所谓的障碍并不存在，你就需要直面这些借口。你可以说：

"我感觉到你最近有些疲劳，我能理解，我们都会经历一些

阶段，需要一些新的刺激来重新调整我们的注意力。但目前有一个很现实的问题，你的工作成果变少了，我对此感到担心。你有什么好的办法去解决这个问题吗？我们可以一起讨论具体的步骤。"

（5）寻求改进的建议

让对方找到他们工作中可改进的空间，并询问他们的意见，看看他们如何能够改进。你可以说：

"你是否意识到你完成工作所花的时间比其他人都长？你有没有意识到有时你完成的任务也需要返工？你认为我们能够采取什么措施来改善这种情况呢？"

（6）共同协商确定具体的行动计划，以解决工作表现问题

在大多数情况下，你可能已经有了一些建设性的想法，你也相信如果将这些想法付诸行动，将有助于解决问题。然而，你最好先让对方自己提出改进的措施。要记住，对方应为表现不佳以及相应的行动负责。如果由你来为他制订改进工作的行动计划，就会在无形之中给他提供一个无法做到的借口，说这并不是他的计划，而是你的计划。

将你提出的所有想法列为一份行动计划。让他选择哪些是优先且可行的，并详细记录下每个想法涉及的内容、负责人、预计实施日期和预期结果。

有些时候，你或许只得到了一个含糊其词的承诺。在此情况下，可以先接受它，但同时也坚持要求一个更具体的承诺。如果仍然没有得到具体的承诺，那就请他重新思考一下这次讨论的议题，并在（指定的）未来某天再次讨论。

在此阶段，记得以书面形式记录双方交流的结果，并抄送对方。（在会

议上做笔记可能显得更加正式，但你也可能想等会议结束后再做，如果是这样，要在会后立即行动！）你可以这样说：

> "我喜欢你关于让另一个团队参与的想法。你可以考虑将会议纪要也发给他们，我会给他们的团队领导者打电话，安排一个会议。"

指导取得成功的关键在于系统而持续的重复，但别大张旗鼓。你需要频繁地提醒（如果提醒方式比较温和的话）。一些团队领导者可能反对采用这种方法，他们认为"他应该知道自己需要做什么"。虽然这可能是对的，但团队成员可能不了解你对这个问题的态度有多认真。频繁且温和的提醒能表现出你的决心。

（7）设定具体的跟进日期，以评估进展情况

保持指导的连续性和一贯性是提高工作表现的最佳方法之一。如果对方认为这次会议只是个一次性的事件，那么最多只能有暂时的工作改善。然而，如果你的会议被视为持续的指导提升的一部分，对方就会更注重将其工作表现与期望相匹配。确保这一点的最好方法是设定一个具体的跟进日期，以了解行动计划的进展情况。重复这些关键步骤将有助于你后续的指导。

> "如果我们能在下周与你和医疗团队安排一次会议，或许会对截止到月底的工作情况有一个更充分的了解。让我们约定在30号下午4点开会，看看我们的进展如何。"

在后续的指导中，无论对方取得了多么小的进步，你都要及时给予认可。为了做到这一点，你应该再安排一系列简短的跟进会议，每隔几周举行一次。作为团队领导者，你应该做的就是表扬他们取得的成就，并激励他们继续努力，使其工作表现回到正常水平。

解决长期未能改善的工作表现问题

作为团队领导者，对于迟迟无法改善的工作表现问题，你只有以下几个选择。

1）回避问题，让公司管理层来处理。

2）建议这个人选择另外一个更适合他的领域。

3）警告这个人，且不得不给他降薪。

4）游说公司解雇这个人。

这是丹尼尔·J. 芬森（前面介绍过）的观点：

> 如果有人不能融入团队文化，他们的价值观与其他成员完全不同，那么他们必须离开。我不管他们能带来多少业务。真的！对我们来说，这行不通。从公司长期的满意度出发，我们没办法将他们继续留在这里。
>
> 也许他们想离开去寻找新的领域。就让他们去吧。如果他们留下来，将会毁掉团队。我们曾经遇到过这种情况。我们有一个非常优秀的伙伴，他离开团队去了其他地方，那么就祝他好运。道不同不相为谋。这才是最好的结局。

第九章

管理"大牌"员工

如何与恃才傲物者打交道？

让我们面对现实吧，顶级专业人士通常是难以管理的群体。为什么呢？因为他们通常充满创造力、才华横溢且有着强烈的好胜心。每家公司都需要"大牌"员工，因为他们往往能够成为变革的推动力量，敢于提出大多数人内心存疑却鲜少有人发问的尖锐问题。如果团队中有一些敢于直言不讳的人，他们能够就一些棘手的问题进行直接而坦诚的沟通，这通常能够加速团队的成长。

吉姆·谢弗（Jim Shaffer）是《领导解决方案》（*The Leadership Solution*）一书的作者，曾经在韬睿咨询担任了二十年的主管，他告诉我们：

> 这世界上有一些人，他们聪明绝顶、锋芒毕露，充满奇思妙想，至情至性，深受客户青睐，但在工作中可能会给他们的领导者和其他合作者带来很大的麻烦。当团队领导者试图提出教科书式的指导建议并使用传统的绩效管理技巧时，"大牌"员工立马会变得坐立难安，自我防御，咄咄逼人或启动其他的防御行为。

他们天赋异禀的聪明才智和超乎寻常的思维方式，可能会让他们的上级感到压力巨大，甚至无言以对。

我们都见过这种人。他们在工作上非常出色，取得了令人瞩目的成绩，并对团队绩效做出了重要贡献。他们总是在每天早晨第一个到达办公室，投入大量高效的工作时间，确保服务始终满足客户的要求。他们在业务拓展和提升团队声誉方面做出了卓越贡献。

唯一的问题是，在某些情况下，为了留住这样的人才，公司可能会付出昂贵的代价。取得卓越成就的"大牌"员工们有时会固执己见，坚持我行我素，经常对别人的观点表示轻蔑。这也导致了在许多情况下，没有人愿意与他们共事。

很多时候，他们让人觉得讨厌、傲慢、粗鲁和无礼。他们会激怒、批评、伤害、排挤、嘲笑、打击、恐吓他人，让自己成为大家痛苦的来源。他们经常插话，甚至对他们没有参与的事情也会这样，表现得好像自己是所有事情中公认的专家。他们可能经常抱怨、独来独往、两面三刀，像是叛徒或者暴君。他们会把任何人逼到极限，让人非常恼火。

几乎每个团队领导者都不可避免地会与这样存在态度问题或难以相处的"大牌"员工合作。但对这些行为的容忍可能会对公司的友好工作氛围和团队的稳定性产生负面影响。

如果你选择忽视"大牌"员工的问题行为，团队中的其他成员会注意到你标准的降低和对某人不良行为的纵容，即使这个人是明星员工。这样一来，从个别案例演变为整个团队的重大问题，只是迟早的事。

应对问题行为

有时候，你也许会觉得忽视问题更容易。你并不是唯一这样想的人，因为与难缠的人打交道会涉及敏感的讨论。然而，只要我们以理解和耐心来直面这些问题，就能够找到有效的解决方法。

你应该关注的是行为，而不是个性。因为对其个性的点评，容易造成对方进入自我防御状态并产生抵触情绪。如果你追求的是行为上的改变，就应该就事论事，指出存在问题的行为。

以下是帮助解决问题的几个步骤。

1）描述你所担忧的问题行为的发生情景。

2）解释你担忧的原因，并表达出你对改变的期望。

3）找出并倾听对方做出这种行为的原因。

4）帮助对方认识到改善行为将如何促进其职业发展。

5）寻求对方解决问题的想法及承诺。

6）给予鼓励和支持。

7）确定行动计划并设定下次讨论进展的日期。

（1）描述你所担忧的问题行为的发生情景

面对一个难以相处的人，一旦察觉到问题，你必须尽快采取行动。你越早对问题行为做出反应，改善的可能性也就越大。

你必须清楚明确地告诉对方需要改变哪些行为。尽量客观地表达，提供具体的例子，例如你亲眼观察到的情况，或是引起你关切的某个情境，这将有助于对方理解问题所在，并表明你不是在凭空下结论。

（2）解释你担忧的原因，并表达出你对改变的期望

"大牌"员工通常有一个共同点：更喜欢坦率的对话方式。不要胆怯。人们通常不知道别人对自己的看法，有时候需要以人为镜，看到自己在他人眼中的形象。讨论的目的，是让参与者意识到确实存在需要解决的问题。不管最后以何种方式解决，他必须意识到问题的存在。

再次强调,你的关注点应该是行为,而非个性。比如,对某人说"你的措辞经常冒犯到他人",会比告诉他"你以自我为中心,从不顾及他人感受"更加有效。你需要传达的是,解决这个问题是出于对对方个人的关心,同时也是为了整个团队的利益,而不是让他循规蹈矩。你要表明你在寻求解决办法,而非对抗。如果对方真正理解了你为何感到担忧,他会更愿意与你一起寻找解决方案。

(3)找出并倾听对方做出这种行为的原因

如果你不了解对方为何如此难以相处,那么你将无法解决这个问题。也许在所有关系中,他都会展现出这种咄咄逼人的风格。可能缺乏沟通技巧或办公室之外的因素导致了他这样的行为。你必须倾听并找出根源。

你可以推动这个过程,但最终解决问题的责任应该由对方自己承担,你应该让对方开始思考其行为的原因。有时,只要和他谈谈,让他注意到这个问题,他就可以分析问题并提出补救措施。

不要陷入无休止的争论。不要浪费时间去理会"大牌"员工那些所谓的形而上学的思考、辩护、争论甚至咆哮。直接问对方是否认为应当改变其行为。问问他,当你描述了他对别人说的话和做的事后,他内心的感受是什么?他是否总能从其他人那里得到他想要的结果?

(4)帮助对方认识到改善行为将如何促进其职业发展

如果你把某人的问题行为和其职业发展联系起来,他更有可能做出积极的反应。让"大牌"员工知道改变不良行为会给自己带来哪些好处,会怎样增加其自身在公司中的价值,赢得同事的尊重,甚至对客户产生积极影响是很重要的。你要指出他们可能会因为问题行为而失去他们需要的合作伙伴的支持。如果他们认为你只是在挑剔或批评,他们也许会勉强表示认同,但不太可能做出实质性或长期的行为改变。

（5）寻求对方解决问题的想法及承诺

不管用什么方案来解决问题，对方需要意识到问题在于他本人，而与你或他人无关。所以，他必须承诺解决问题。强加给对方的解决方案很少能够激发他真正有效的承诺和投入。让对方自己提供解决方案才是正确的选择。

设定小而实际的目标。行为上微小的变化也可以是一个重大的胜利。改变是逐步推进的，完美也并不总是可以实现的，适时地妥协不一定是坏事。

（6）给予鼓励和支持

虽然你可以对他表示同情并表现出真挚的关心，但更重要的是要让他知道你是为了他的最大利益而考虑的。如果在讨论问题行为时，你发现了一个对方没有考虑到的可行的解决方案，那么一定要提出来。在某些情况下，比如面临巨大压力时，可能需要其他资深专业人士的帮助。你可以帮他寻找，但他必须迈出第一步。

（7）确定行动计划并设定下次讨论进展的日期

你需要不断与对方沟通和交流，并确认他们的工作是否按照事先的计划进行。如果他们需要培训或专业咨询，你要确保他们得到了这些支持。如果他们需要提高倾听技巧，你要提供必要的一对一指导，帮助他们学会积极倾听并持续提出问题，从而让其他人更愿意向他们敞开心扉。

这一步骤将再次表明你很严肃地希望看到对方有所改变。通过设定具体的日期，你可以为对方问题行为的纠正设立明确的期限和目标。此外，建议让对方阐明他将采取哪些具体步骤，这对纠正他的行为有所帮助。

对于非常困难和具有挑战性的情况，你或许可以考虑邀请其他人加入讨论，最好是"大牌"员工们所敬重的人。最后，根据具体情况，建议你在会议期间或会后形成一份备忘录。

下一个挑战

明星员工通常会享受到特殊优待。如果某人的绩效高于团队平均水平，他的问题行为往往会被容忍。在大多数情况下，领导者会尽量迁就明星员工，然后对绩效平平或绩效下降的员工没那么多耐心。一个普通、绩效一般的员工可能会受到比有问题行为的明星员工更严格的对待。

有些领导者似乎认为，他们有权告诉普通员工自己的期望，这些员工如果不满意可以选择离开。但对于优秀的人才，毕竟他们是稀有资源，这些领导者愿意投入大量时间来满足他们的需求。

然而，**采用双重标准是一种短视的做法，尤其是越来越多的工作需要以团队合作的形式才能完成。当一个人在团队中表现得难以相处时，他会对整个团队造成很大的干扰。纵容这个人的行为会降低团队的标准，还会引发不满的情绪。**

韬睿咨询的本杰明·哈斯曾说：

> 在专业服务公司中，有时会有一些在业务开发和客户关系维护方面表现很出色，但在内部人际关系方面却很糟糕的人。我的结论是，这种人对公司的负面影响远大于他们所带来的价值。我不在乎他们在工作上的表现。你要么改变他们的行为（但在我看来这很难），要么就只能让他们离开。
>
> 但是，我也认为某些人必须认同某种核心的文化价值观。我不管他们有多优秀，如果他们想要的是根本不同的东西，那么我认为我们必须准备放弃，就像如果我们要是认为与某些大客户的合作无法实现，我们也需要放弃这些客户一样。
>
> 因此，如果我认为从长远来看这样做会对团队更有利，那

我宁愿冒险放弃这类人才或客户所带来的可观收入。基于我的经验，这种决策通常会带来立竿见影的效果。

对恶劣的态度应该采取零容忍的立场。在某些时候，即使是明星员工也不值得投入过多的精力。如果你被迫经常花时间来处理"大牌"员工们的问题，这必然会浪费你本应用来提升团队工作效率的宝贵时间。

对付一只 800 磅[⊖]的大猩猩

我们经常遇到让团队领导者感到很沮丧的情况：

有一只 800 磅的"大猩猩"（很有实力且具备丰富专业知识的人），它不愿意参加会议，也没有意愿与团队建立任何联系。如何让它参与进来，用它丰富的专业知识来极大地帮助团队？

面对这个困境，团队领导者有且只有两种选择，要么屈膝恳求这只大猩猩配合，要么无视这只大猩猩。

"无视"意味着团队会告知大猩猩，出于礼貌考虑，它将收到群发的会议纪要和工作要点。团队明白大猩猩非常忙碌，不会打扰它。团队并不期望大猩猩能参加任何会议或团队活动，然而，大猩猩如果愿意，哪怕只是在午餐时间来拿根香蕉，团队也会随时欢迎它的参与。然后，团队继续进行其计划。

大猩猩不喜欢被忽视，因为这与动物园其他人对待它的方式不同。它也习惯了受到恭敬有礼的待遇。因此，你至少要让大猩猩好奇你在做什么。这是实现主动权转移的基础——你在做什么？

如果你的团队除了每月举行的例行午餐会外无所作为，那么这只 800 磅的大猩猩完全有理由不浪费它的时间。然而，有一本书的书名说得很

⊖ 1 磅 = 0.453 592 37 千克。

好——"停止抱怨，赢在行动"（Stop Whining and Start Winning）。我们对这些团队领导者的建议是：迅速采取行动，马上改变！

设计一个能够节省时间的模板，供团队中的每个人使用；邀请一位重量级客户来进行演讲；举办一场备受关注的研讨会，等等。总之，采取一些行动，向外界发出信号，表明你的团队正在做有意义的事情，然后看看这只大猩猩多久后会想回到你的动物园。有哪只大猩猩不想成为成功团队的一员呢？

这是不是看上去像儿童心理学？有可能，毕竟，你就是在应对 800 磅大猩猩内心深处孩子气的那一面。而这总好过卑躬屈膝！最后要提示一点：在让任何大猩猩加入之前，请确保它同意遵守你的团队所制定的游戏规则和行动指南。毕竟，即使对不情愿的大猩猩来说，参与进来也必须付出一些代价。

| 第十章 |

为变革赢得支持

如何让团队相信变革的必要性？

作为团队领导者，当你意识到团队需要颠覆以往传统的思维定式，制订一个全新的行动计划，或者开启一场彻底的变革时，你应该怎么做？你需要做的是，向团队充分说明这项变革的紧迫性及其能够带来的益处，并且强调只有通过紧密合作，才能实现目标。

专业人士大都有一个特点，即不太喜欢被动地接受别人的指示，他们喜欢主动研究问题的对策，参与解决问题的过程。但这并不意味着你这个团队领导者可以做"甩手掌柜"，什么也不管。相反，你需要制订一些可行的备选方案，引导团队成员理性地思考这些选项，温和地提醒他们考虑那些可能被忽略的因素。团队领导者不能独断专行，但也不要人云亦云！

在召开团队会议之前，请确保你与每个团队成员都进行过一次单独的讨论。如果没有充分准备，会议可能会陷入无休止的争论。毕竟，团队成员都是聪明且具有批判性思维的专业人士，他们深知如何针对彼此的观点提出多个反例！他们也擅长分析问题，讨论问题时，他们会拼尽全力捍卫自己的立场！

有一种说法是，人通常抗拒变化。**事实上，人抗拒的不是变化，而是非自愿地做出选择。**人们抵触的是那些没有考虑他们的诉求或关切，且没有给他们留足决策空间的方案。人们往往不会把自己的项目视为"变革"，因为他们会倾向于在力所能及的范围内完成任务，而非改变现状。有些团队之所以能够连续多年实现成功创新，是因为它们善于征求团队成员的想法和创意，让他们不断做出新的尝试，鼓励实践出真知。

仔细想想，你的团队成员可能会被什么所打动？你可以从每个人的兴趣点出发来讨论问题。

以下是争取团队成员对变革的支持的几个步骤。

1）阐述现状及其对个人和团队的影响。

2）讨论你们在应对现状时的共同利害关系。

3）分享你的可选方案，并就这些方案的优劣征求对方的意见。

4）要求对方协助解决可能出现的问题。

5）明确你所需要的具体支持，并说明你的计划方案。

6）表达你的感谢。

（1）阐述现状及其对个人和团队的影响

如果你坚信存在一个重要的问题，那么为了启动相应的变革，你必须首先发起"行动倡议"，并满怀热情地宣布要将此项变革视作优先事项。

"有个问题我想和你谈谈，我认为它可能对我们的团队产生深远影响，我想在下次会议之前听听你关于这件事情的想法。"

尽可能具体地描述相关情况、问题或事件造成的影响，阐述其在目前或在不远的将来，会如何让你们的工作变得更加困难、压力更大、成本更高、耗时更长，以至于降低客户的满意度。你可以基于对谈话对象的了解来决定重点强调哪些方面的影响。

（2）讨论你们在应对现状时的共同利害关系

这是你向同事寻求建议的机会，可以借机将你的问题转变成你们共同的问题。

> "我想在下周二的团队会议上提出这个问题，但我真的不确定其他人会有什么反应。你觉得我们应该如何处理这个问题？"

你可能已经认真思考过这个问题，并确定了你认为最佳的行动方案。然而，**如果你的团队成员觉得你只是为了试图说服他接受你的计划而在"走过场"，并不是真正关心他的反馈和意见，那么你可能会错失获得其支持的宝贵机会**。你需要认识到的是，尽管你已经花了很多时间来考虑这个问题，但你团队中的其他人可能会提出进一步的改进建议甚至是更好的解决方案。

（3）分享你的可选方案，并就这些方案的优劣征求对方的意见

简要介绍你的想法，以及各个可选方案可能会给对方以及整个团队带来哪些益处。

> "我在想我们是不是可以就客户反馈意见进行一次小规模抽样调查，比如只选取我们最重要、关系最紧密的十多个客户。这样有助于我们了解团队是否朝着正确的方向前进。你觉得怎么样？"

提前考虑好对方就你的想法可能会提出的反对意见或顾虑，这样你就能够游刃有余地以更为积极的方式做出回应。

（4）要求对方协助解决可能出现的问题

确保对方完全理解每项可行方案及其带来的后果和影响。询问他对每个想法的意见和反应。探究对方是否有任何抵触、顾虑或者负面反应，以便开诚布公地讨论并达成一致意见。

　　"我希望你能协助我起草在会议中要讨论的事项，这样就能
确保我们的议题对你的客户而言是最重要的。你觉得怎样？你是
否预见到其他同事会有所顾虑？我们该如何解决他们的顾虑？"

让同事参与并协助你的工作，他就会成为你这项工作的支持者。

（5）明确你所需要的具体支持，并说明你的计划方案

要非常具体地说明实施任何一项方案所需的条件（时间、资金、审批、
同事的协助或特定的项目要求），并寻求其个人的大力支持。

　　"我希望你跟吉姆谈一谈，看看能不能争取到他的支持。我
会再和另外两位资深同事一起讨论一下你和吉姆的沟通情况，这
样我们可以在会议前权衡一下各方的反馈意见。"

充分说明你打算怎么做，如果别人看到你愿意真心实意地付出，他们
就更有可能全心全意地给予支持。

（6）表达你的感谢

　　"谢谢你，凯文。有了你的帮助，我们至少能有机会尝试下
这个想法。"

不论对方兑现承诺的程度是否达到了你的预期，你都应当感谢对方所
给予的支持和帮助。

响应团队成员的诉求

你需要切实响应团队成员的以下个人关键诉求，以影响他们的行为方
式，使其践行承诺。

1）对获得感的需求

2）对尊重和认可的需求

3）对确定性的需求

（1）对获得感的需求

你可能还记得一家声名狼藉的抽奖机构，它曾打出过这样的标语——"你可以成为赢家"。这个标语沿用多年，直到有一天，标语被改为"你可能已经是赢家了"。新标语取得了巨大成功，主要原因是每个看到带有这样标语的广告页的人都会下意识地担心自己可能会失去已经拥有的东西。**相较于对"有所得"的憧憬，对"有所失"的惶恐更容易触动一个人。**

你要提醒你的同事，适时的变革可以避免他们耗费更多的时间和精力、失去同伴的认同、错失可观的收入，而不需要强调他们接受变革所能获得的好处。

避免造成输赢博弈的局面。同事们如何回应你，不仅取决于你所表达的观点，还取决于你表达的态度和方式。当你强硬地推销自己的观点时，他们往往会以相同甚至更大的力度"推"回去。

（2）对尊重和认可的需求

每个人都渴望获得来自伙伴的认可。你要帮助你的同事意识到，新的举措将如何帮助他们赢得所在意的人（无论是团队或公司内部还是外部的人）的认可。

（3）对确定性的需求

对可预测性和确定性的需求是人的天性。它促使我们倾向于接纳以往一直行之有效的做法，而对任何不同以往的新生事物抱有高度怀疑的态度。无论你认为自己的想法多么令人激动或富有创造性，都请切记，你的同事反而可能会将这些特点解读为过于冒险和不可预测。

　　你要做的就是帮助对方认识到，调整后的行动计划与其切身利益是一致的。你可以提醒对方回顾他过去的一些成就，帮助对方认识到他已经有了一些与新提议相一致的实践经验。如果他能认为新的计划是对以前的经验和思维的延续而非背道而驰，那么你就增加了获得其支持的机会。

　　尽管一对一的谈话至关重要，但你不能指望仅仅通过它就获得团队成员对变革的支持。团队互动（我们将在本书的下一部分讨论）也是必不可少的。正如任职于房地产专业服务和投资管理公司仲量联行（Jones Lang LaSalle）的迈克尔·霍奇斯（Michael Hodges）所指出的，这实际上是一个渐进的过程，精心计划的团队互动有助于赢得团队成员的支持，反之亦然。他说道：

> 　　我们注意到，许多资深员工并不能立即认识到变革的重要性。只有当他们意识到自己的观念与同事们存在诸多不同的时候，变革才会变得必不可少。我们要知道，团队中每个人对成功的理解不一。通过团队互动，成员们可以比较各自对公司所面临的挑战及公司前景的看法，他们很快就会发现彼此之间几乎没有共同的观点。这就为变革创造了前提。

成功引入持久变革

　　无论你身处何时，任职于哪家公司，担任什么职位，你都可以积极参与，成为推动变革的原动力之一。在《超越认知》（*Beyond Knowing*）一书中，帕特里克与他的合著者列出了你在为此努力时需要注意的一些原则。

　　如果你刚刚提出了一个新举措或开启了一个新项目，很重要的一点就是认识到不要让变革变成像"本月精选菜单"一样即兴的事情。为了建立长久而稳定的信任基础，你最好低调行事，逐步推进，厚积薄发。

避免在工作伊始时就设定过高的期望。不要试图在一夜之间改变一切，变化是循序渐进的，取得初步成果的时间，一般比许多人预期的要久。

因为人们对于任何新方向的态度会受到多方面因素的影响，所以能够预想到团队中每个人对于变革的接受程度是不同的。你要与公司中各级别的"民意代表"建立联系，尽早获取他们的支持，或者至少让他们保持中立。

鼓励各个级别的人都参与到变革中，积极寻找共同推进工作的方式。根据过往的经验，人们不会从心底里采纳或支持自己没有参与构建的项目。

士气是你最强大的武器。每个领导者都面临着创造并维持变革的挑战。而士气也是决定一场变革能否取得胜利的最关键因素，要么变革成功，独领风骚，要么变革失败，落寞退场。大部分情况下，士气也是唯一的决定因素。

在一场典型的篮球比赛中，当对方连续得分并展现出所向披靡的势头时，好的教练一定会叫暂停。他知道，如果对方的士气太盛，自己的队伍很可能会输掉比赛。

因此，作为领导者，你的变革一旦开始，就不能放松警惕或把注意力转向其他事务。你不能将重要的工作任务分派出去（或者放弃），你的手永远都要（并且要被看到）掌舵。当认识到自己是在完成重要的使命时，专业人士会有动力去做得更好。但如果失去了这份士气，这次变革就会像过眼云烟，不可避免地会影响你接下来的尝试。

每一次新的尝试，在进行到中途时都像一场失败。了解到这个规律是非常重要的。每做出一些新的尝试，无论是推出新的服务，设立海外办事处，改变员工的薪酬计划，进行小规模的合并，还是引入新技术，都会面临可预见的各种问题。尤其是在做那些完全不同于以往做过的事情时，遇到的问题就会更多。然而，一遇到困难就放弃，变革则注定会失败。

一个鲜为人知的事实是，阿波罗登月任务只有不到 1% 的时间是按照既定轨迹推进的。为了保证任务顺利完成，需要通过不断的中途修正来调整飞行轨迹。大多数新尝试也是如此。

由于项目预期总是过于乐观，行至半程时，你的项目工时和资金可能已经超支，随之而来的还有其他意想不到的问题和挑战。毕竟，没有人走过这条道路。而且士气也会慢慢减弱——每个人都喜欢满怀憧憬的起点，但漫漫征途的跋涉过程都是艰苦的。项目过程中专业人士的离职也会导致宝贵经验的流失，项目团队开始步履蹒跚。此时，批评和质疑的声音会达到顶峰，只有当项目初见成效的时候，反对者才会给予一些正面的评价。

结论不言而喻：成功属于那些坚持不懈的人。为了将脑海中的想象变为现实，团队领导者们需要有耐心、灵活性和坚韧不拔的毅力，不断激励和鼓舞团队成员"求大同、存小异"。

变革不是一时的潮流，而是团队领导者永恒的职责。

第三部分 ●

FIRST AMONG EQUALS

带领团队

我们现在开始讨论如何管理你的团队。你不仅需要能够理解和影响个体，还需要同时理解和影响整个团队。

- **第十一章　明晰团队目标**
  你的团队有具体、清晰、共同的目标吗？

- **第十二章　约法三章**
  你的团队成员彼此之间负有哪些责任？

- **第十三章　建立团队信任**
  如何让团队成员信任彼此？

- **第十四章　发起挑战**
  团队是否选择了激动人心的挑战？

- **第十五章　如何高效开会**
  好的会议需要遵循哪些原则？

- **第十六章　给予赞赏**
  如何表扬别人？

- **第十七章　解决人际冲突**
  当团队成员产生分歧时，你会怎么做？

- **第十八章　应对危机**
  如何应对突发事件？

明晰团队目标

你的团队有具体、清晰、共同的目标吗?

作为团队领导者,你的首要任务是指导团队成员,帮助他们朝着既有利于个人职业发展又有利于团队未来的方向前进。松散组织中的个体只对自己的表现负责,缺乏与其他团队成员的密切合作,与那些管理良好、共同承担集体责任的团队相比,这样的团队不太可能取得成功。

在开始团队协作之前,你需要(经过集体讨论)确定并清晰地分享你对以下三个问题的思考。

1)为什么我们需要组建这个团队?

(我们作为一个团队协同合作,期待哪些具体的收获?)

2)如何通过团队合作来提升我们的竞争力?

(若成员愿意投入额外的非计费时间来推动团队的发展,公司和个人可能会有怎样的收获?)

3)团队合作对我们每个人来说有什么好处?

(每个成员在追求职业发展时,期望从团队合作中实现怎样的自我价值?)

令人惊讶的是，有很多专业团队（或公司内部的专业部门）从来没有考虑过上述三个问题。

1. 为什么我们需要组建这个团队？

为了在协同合作的团队中获益，我们需要确保每个团队成员、团队领导者和公司管理层对团队的目标有清晰明确的理解。

在某些公司中，人们对团队的目标仅仅有一个笼统的理解，这是不够的。召开团队会议时，团队成员经常会有这样的疑问："我们这次开会的目的是什么？我们为什么需要开这个会？"他们或许会觉得这种泛泛而谈、无意义的讨论是对时间的灾难性浪费。因此，明确团队目标非常重要。每个团队的目标、具体的产出成果都应经过充分讨论、敲定并被记录下来。

我们建议你向你的团队提出以下问题：

> "在这样一个志同道合、目标一致的团队中，我们应该期待
> 从合作中得到（而不是我们正在得到）哪些依靠个人无法实现的
> 益处呢？让我们一起列个清单，看看有什么启示。"

人们最常给出的回答包括：

1）向客户提供团队的集体智慧、技能和知识，为其创造更好的价值。

2）集思广益，有效地支撑业务发展。

3）对人员配备、资源分配和专业指导进行集体决策，更有效地利用和培养初级专业人才。

4）利用集体开发的工具、模板、数据库和其他实践辅助工具，使每个人都能从中获益。

5）在团队中更迅速、有效地分享专业知识和技能。

6）使团队成员各得其所、各尽所能，从而提高团队的专业水平和客户服务能力。

7）提升集体声誉，而非单纯依靠个人声誉的累积，以更好地塑造市场形象。

8）与其在庞大的人群中迷失自我，不如在一个小团队中找到归属感和安全感（这对留住资深员工或初级员工均适用）。

9）一对一的非正式辅导能够以更加灵活和个性化的方式为个人成长提供支持，而非依靠全公司范围内自上而下的年度绩效评估。

10）通过团队合作的方式专注于提高绩效，从而实现盈利能力的提升。

11）开拓创新的服务模式需要投入大量的时间和资源，而这是单靠个人无法独立完成的。

这份清单并非详尽无遗，但这样的互动能够鼓励你的团队成员去思考并识别共同合作的优势。在补充了你认为存在的其他益处后，你可以通过与你的团队成员讨论下述问题来检验这份清单的内容。

1）这些益处中哪一个是最容易获得的？哪一个是最难获得的？

2）哪一个是能够最快实现的？哪一个需要花费最长时间？

3）哪种做法与你的文化习惯差异最大？哪种与之相符？

4）哪一个对你的成功产生了最大的影响？哪一个的影响最小？

5）哪一个益处的实现需要你在行为方式上做出最大程度的改变？哪一个最不需要你做出改变？

6）哪一个益处的实现最需要团队领导者发挥积极作用？哪一个最不需要？

你的答案将决定你运作团队的基本原则，以及你们想成为怎样的一个团队。举例而言，假设某个团队的目标是确保每个人服务标准的一致性。那么在这种情况下，这个团队通常不需要复杂的协同配合工作，只要每个人都能达到这些共同标准就可以了，团队领导者的管理工作相对也比较容易。

与此不同的是，另一个团队希望以集体合作的方式帮助团队内的初级员工发挥并提升其能力。为了实现这个目标，该团队可能需要通过集体协商来为（特定规模以上的）每个项目规划适当的人员配置，这意味着对团队成员个体的自主权的限制，可能会剥夺他们为自己的工作配备人员的自由。这样的团队需要其领导者给予更多的关注和必要干预。

如果一个团队从未考虑过或是没有意愿去做那些能够实现共同利益或目标的事情，那么所谓追求团队共同利益或目标就仅仅是纸上谈兵。因此，在考虑你的团队可能实现的各种利益或目标时，你应当明确讨论需要怎样的团队协作（作为一项底线原则）方能实现。你的团队应当意识到，不接受新的团队协作方式将很难实现所期望的利益或目标。

最糟糕的情况莫过于，一个号称正在追求某项目标或利益的团队却不愿意接受实现目标或利益所需的纪律约束。因此，预先进行开诚布公的讨论是必需的，以明确团队通过集体协作真正想要实现的目标是什么，以及这将对你们团队的协作方式产生哪些影响。

2. 如何通过团队合作来提升我们的竞争力？

作为团队的领导者，你必须想方设法向团队清晰地传达，发展一个强大的业务团队对于实现集体愿景的重要性，即如何在客户与人才这两个最为关键的领域建立竞争优势。

一个强大且专注的团队在市场上会更加积极主动，也更容易获得广泛声誉和知名度。显然，在某一特定领域拥有 20 名专业成员的团队，在处理客户问题方面，比仅有几名员工的小公司更为得心应手，团队规模本身就预示着一定程度的成功。有时，客户会通过选择聘请专业团队中的一两名专家，从他们所在团队共享的专业知识中获益。毕竟，在面对当今日益复杂的事务时，几乎没有人能够拥有处理这些问题所需的全部专业经验。

现代市场的竞争也是人才的竞争，赢得人才战（募才与留才）是赢得市场的关键。我们从一家位于洛杉矶的大型律师事务所了解到，人才流失的代价高昂。根据他们的测算，每有一位称职的律师助理离职，事务所平均每位合伙人可能会因此损失大约 2.3 万美元的收入。

我们曾经问过一位公司领导："你觉得什么样的团队容易失去最优秀的年轻人？是那些你认为能够有序运作的团队，还是那些存在一些内在问题的团队？"那位领导停顿了两秒，看着我们说："你知道吗，我觉得你们问到点子上了！"之后，我们又向全球至少 50 位不同行业的公司领导提出了同样的问题，无一例外都得到了非常相似的回复。他们的回复表明，存在问题的团队会给公司带来巨大的经济损失。

我们希望看到的是一个良性循环的过程：一家公司培养出了一个强大的团队，作为直接结果，这个团队获得了市场的关注和认可。随着其市场认可度的提升，公司赢得了更好的客群，进而吸引了更多的人才加入。

3. 团队合作对我们每个人来说有什么好处？

最后，为了帮助你的团队确定目标，你需要帮助每个人确定其职业目标。你应该和团队成员进行一次关于个人目标的讨论。按照大家的座次顺序，依次询问每个人："请告诉我们，加入这个团队，你自己希望从中有何具体收获？你可以实话实说。我们作为一个团队能为你做些什么，帮你更上一层楼？"

以下是一些可供讨论的话题。

1）我们准备好营造一种相互支持的工作氛围了吗？它应该是什么样的？

2）我们是否准备好从团队的知识共享中获益？

3）我们是否准备好合作开发共同的工具和方法，并使之为每一个人赋能？

4）我们是否准备好投入资源来培养出色的支持人员，完善内部系统和技术，以便有效地开展业务？

5）我们是否准备好积极参与共同的市场营销活动？

6）当面临棘手的客户问题时，我们是否愿意投入自己的非计费时间来互相支持？

还有一件重要的事情是，要了解你的团队成员想要什么、需要什么，他们的喜好、他们的差异，以及如何重视并利用这些差异。我们应该花一些时间来讨论那些在团队成员心中普遍存在却从未明说的困惑：

1）我为什么被邀请加入这个团队？

2）其他成员有谁？他们各自的优势是什么？

3）我如何了解他们的长处，同时也让他们知道我的能力和兴趣所在？

4）他们对我可能会有什么期望？

一个集体只有在其成员愿意相互帮助、鼓励，并随时提供必要的支持和协助时，才能成为一个真正的团队。

霍奇森·拉斯律师事务所的卡尔·克里斯托夫为我们描述了这个过程：

> 虽然内容尚未发布，但我想告诉大家我们刚刚召开了一次团队会议，运用了经典的"卷筒纸记录法"来一起构想出这个团队应该是什么样子，它的使命应该是什么。参与该会议的同事肯定对此有了更加充分的理解。我相信，随着团队不断成长，仅靠口口相传可能无法帮助未来新加入的同事了解团队，因此我们或许需要一份更正式的书面宣言来明确团队的方向和责任。

○ 卷筒纸记录法（butcher-block paper approach）是一种时间管理和目标管理方法。它要求使用者将目标、计划和任务记录在一段连续的纸上，类似于一卷卷筒纸。当完成一个任务或达成一个目标时，可以将纸上相应的部分撕掉。这种方法是为了看到自己的进展，并保持对实现目标的动力。——译者注

第十二章

约法三章

你的团队成员彼此之间负有哪些责任?

团队常常面临的一个主要问题是,对团队的定义缺乏明确的共识。他们从未就团队成员之间要相互承担什么样的责任,以及团队运作的原则进行过讨论,更别说就这些问题达成共识了。许多所谓的团队实际上只是一群人的集合,每个人都在以微妙的方式追求属于自己的特定利益。当团队遇到业绩压力或者存在矛盾时,成员们往往选择逃避。

专业人士倾向于按照自己偏好的方式开展工作,希望保持工作的自主性和独立性,因此专业团体更容易出现缺乏纪律约束的情况。

让我们以一个典型的团队会议为例:下午4点,预定的会议开始,与会人员开始进入会议室,将文件放在自己喜欢的座位上,同时快速扫视房间,看是否已经有比他们更高级别或者更有权力的人到场。如果发现没有,他们会将自己的笔记本放在桌上,给人一种自己准时到达的印象,然后借口"要打一个临时的客户电话",悄悄溜回自己的办公室。

然后,还有一些业绩平平的人,带着一堆工作材料进入会议室,好让大家看到他有多忙。当然,还有那些在上次会议上接受了重要任务的人,他们通常很快就会被识破——没有取得任何实质性的进展，没有具体的行动计划可汇报（这并不妨碍他们滔滔不绝，试图掩盖这个事实）。

面对这种行为，团队成员很快就会责怪他们的团队领导者无法或者不愿意果断地处理那些以自我为中心或碌碌无为的成员，这些人会毫不客气地说：

> "这是乔治的团队。既然我们会在他需要时提供帮助和建议，那么当事情偏离轨道或者有人浪费时间时，乔治就有责任及时纠正。如果团队中有人不能完成他的任务，只要不对我的工作产生负面影响，那就跟我没关系，因为这是团队领导者需要解决的问题。如果有人征求我的意见，我会给出我的看法；但我也没有必要为了表达自己的观点而主动冒犯任何人。"

我们需要建立一个能够鼓舞人心的激励体系，用以激发团队成员的热情、推动决策制定、提高绩效表现、增加参与度和保持高昂的士气。要做到这些，你的团队应当遵循以下三项基本原则。

1）相互负责。所有团队成员都必须对个人和团队的表现负责。

2）共同贡献。所有团队成员都有义务和机会为团队做出贡献。

3）共同的价值观。所有团队成员都应恪守团队所设立的价值观、原则和标准。

确定相互负责的程度

团队领导者要确保团队成员之间建立起相互的责任感，而不仅仅是对领导者（老板）负责。团队成员之间应该对彼此抱有较高的期望，期望每个人都能为团队做出力所能及的贡献，当某些成员或团队本身表现不佳时，其他成员应当会感到不安和沮丧。为了做到这一点，最好的方法是明确团队的运作原则。

在每个冠军团队中，无论面临何种情况，每位成员都将遵守一套严格且不容违背的"基本规则"。出色的团队会致力于制定并编写一套与团队协作和自我管理相关的基本规则，这种做法能够在团队成员间产生积极的影响力。

例如，在团队合作中，当团队成员面对那些未能践行承诺完成工作的人，或将个人利益凌驾于团队利益之上的人时，是否敢于积极发声，表达自己的看法和意见？是只有团队领导者才应该对团队整体表现负责，还是期望团队成员也对彼此负责？

团队需要公开讨论并（明确）设立一些团队合作的基本规则，这些规则将作为团队的共识，可以对团队的表现产生积极的影响。

这些基本规则可能涉及以下议题。

1）彼此尊重与合作

2）人际沟通，表达思想

3）制定决策，解决争议

4）支持个人勇于担当

5）团队会议的频次和形式

6）出席并准时参加团队会议

7）参与团队业务拓展活动，共享客户资源

8）完成个人工作任务

9）客户服务及客诉响应

10）学习和分享知识

11）业务监督、培训、授权和人员配置

12）建设性反馈和绩效评估

我们观察到的一些实用且重要的基本规则包括如下几项。

1）参加团队会议并准时到场是优先事项。除非客户有紧急情况，否则每个人都应准时参加。

2）践行承诺，言出必行。若无法完成任务，不要轻易承诺。即便遇到问题导致工作无法顺利推进，也请提前告知。

3）对所有新想法持开放态度。讨论任何想法时，请就"我们如何才能将其实现"提出建设性的意见，而不是上来就告诉大家曾经有人尝试过这个想法但失败了，或者这个想法为什么行不通。

4）不要相互推诿。每一次成功都是团队的成功，每一次失败也是团队自我纠错、吃一堑长一智的机会。

5）注意保密。团队的内部问题应该由团队自己解决，不要公开诋毁团队或者其他团队成员，不要在团队外讨论有争议的问题。

在一个优秀的团队中，成员们会进行自我管理和约束。大家互相激励，相互监督。纪律的细则可以概括为以下几个基本点：做到自己承诺要做的事情；遵守达成共识的集体规则；坚持标准。

MSK 律师事务所（Mitchell Silberberg & Knupp）的德博拉·P. 克夫勒（Deborah P. Koeffler）曾这样说：

> 在我们部门主任去世后，我们举行了一整天的会议来讨论一系列重要议题，包括客户、对接人和业务发展机会等。通过这场头脑风暴，我们意识到需要更加重视在这个时期管理我们的业务和提升自身实力，因此我们决定用书面形式来确保每个人都清楚自己承担的责任和义务。

> 那次会议形成了六十页的纪要，我从中提炼出了一份关于团队目标的简要声明。其中包括设定明确的盈利目标和收费细则，以及一些常规而重要的事项，例如举行午餐会来鼓励团队成员进

行客户业务方面的交流，或者让更多的业务成员参与到工作中。我们将培训纳入业务发展计划，并努力向社会展示公司的能力和价值。这些关于业务发展的目标非常具体，包括任务的名称、负责人以及具体开展的领域。

我让每个人都起草并签署了一份个人承诺声明，旨在发挥他们作为实干家和思考者的不同优势。在声明中，每个人都制订了行动计划，并承诺朝着团队目标做出努力。对律师而言，重视书面承诺是职业习惯的一部分，所以他们每个人都非常认真地对待了这个要求。

让每个人都写一份承诺声明的想法源于我们在一次以"人们应该对彼此承诺什么"为主题的务虚会中展开的讨论。让每个人都写下一份承诺声明是这次会议很重要的一个环节。事实上，在我们回到办公室后，有好几位同事给我留言，重申了有关相互承诺的一些看法，并表达了对团队氛围的自豪感。

基本规则能够促进彼此信任和坦诚，为团队成员的行为建立共同期望，同时也为团队的日常运作提供了指导。

最好的基本规则有如下特征。

1）具体到行为层面

2）所有成员均达成共识

3）信息公开呈现

4）始终如一地遵守

5）阐明违规行为的后果

（1）具体到行为层面

行为是可观察的。"对团队成员表示尊重"这样的倡议听起来很好，但如果不能落实到具体的行为，很可能就会浮于表面。举例而言，如果你们相互尊重，那至少要做到在听取对方的发言时不打断别人。那么与之对应的基本规则可以是："我们一致认为，每次只能有一个人发言；因此，我们必须在他人完成发言后再表达自己的看法，并且我们将避免在会议期间谈论无关话题。"

（2）所有成员均达成共识

少数服从多数的决策方式并不能建立起充分的责任意识。达成共识是让规则起效的关键所在。每个人都应当认同参与制定和积极支持团队规则的重要性，并对违反规则的行为予以制止。

此外，优秀的团队也会确保新成员认同这些基本规则，并将其作为加入团队的一个前提条件，或将其视为新成员对团队的承诺的表达。

（3）信息公开呈现

人们通常更加关注和信任那些以书面形式规定并呈现在眼前的信息。优秀的团队会确保每个团队成员都有一份基本规则的副本，在会议上，当涉及可能引发争议的议题时，与会人员可以在讨论之前参考这些规则。

（4）始终如一地遵守

优秀团队的内部应当有一种共识，即如果团队成员的行为与规则不一致（或者明显违反规则），那么每个人都可以发声制止这种行为。如果有人违反了既定的标准，那么团队中的任何人都能够并应该被鼓励去提醒对方："不好意思，难道之前我们不是都同意了……"

（5）阐明违规行为的后果

出色的团队领导者会确保**团队明确制定了违反基本规则的惩罚机制。没有惩罚作为保障，规则就没有意义。**

这样设计的初衷不是为了以严厉的手段进行威慑，而只是作为一个温和的提醒，让大家知道标准的重要性。比如可能会有两美元的罚款，这笔钱会用于团队的派对或者捐给某个慈善机构。或者可以设立这样的规定：最后一个进入会议室的人需要做会议记录。

核心原则是，团队需要共同制定和推行基本规则，然后由基本规则来管理团队。

设定共同贡献的标准

加入一个由杰出人士组成的、人人尽职尽责的团队，能够对每个人产生正向的激励作用。相应地，表现卓越的团队也会要求享有集体荣誉的团队成员必须付出心血、响应要求、尽职履责。这种做法体现了人类历史上最重要的激励因素之一：对归属的自豪感。因此，**首先需要回答的一个问题是：“作为这个团队的一员我需要付出怎样的努力？”**

当你事先确定了共同贡献的标准时，你就增加了每个人主动合作、做出贡献并致力于从合作中互惠互利的可能性。

你可以在一开始就询问每个人，他愿意在日常工作或为客户提供服务的工作量的基础上，额外投入多少时间来推动实现团队的目标。大多数公司更加关注员工的创收情况，却很少关注员工在工作中所花费的（通常相当多的）非计费时间。然而，正是通过合理利用非计费时间（即对未来的投资），一个高效的团队才能取得新的成就。因此，我们建议采用以下步骤：

1）确定每位成员愿意为团队投入多少时间。

2）就如何利用这些时间资源达成共识。

（1）确定每位成员愿意为团队投入多少时间

首先，计算你的团队成员每周平均为公司和客户工作的时间，将所有活动都包括在内。假设每周大约 55 小时。考虑到假期、病假和休假时间，我们可以保守估计每年工作 45 周，这样每人每年的工作时间约为 2475 小时（这些数字应当根据你的团队的实际情况估算）。

接下来，从这个小时数中扣除每个人的计费时间（或者能够收费或为客户提供服务的时间），假设这个数字是 1800 小时（视不同行业的情况予以估算）。然后，扣除个人时间（例如，给家里打电话、填写考勤表、上洗手间等），假设每个人的个人时间每年约为 175 小时。这样的话，每位团队成员每年大概还有 500 小时，这是可以用于为团队"投资"的非计费时间。

接下来的问题就变成了："你愿意从这些非常宝贵、可自由支配的非计费时间中拿出多少作为对团队的投入？"作为团队领导者，你可以围着会议桌走一圈，依次征求每个人的意见及其承诺。

现在设想一下，保守推算的话，你的团队成员同意将个人可用时间中的 30%（大约 150 个小时）用于为团队事务工作，而将其余 70% 的时间分配给他们的个人日常事务（同理，你预计的百分比可能与我们估算的不同，请根据实际情况来计算）。那么每人每年将有较为宽裕的 150 小时（即每月 12.5 小时）可以用于参加月度会议，还可以每月投入至少一天的时间来参与一些既定的活动，以促进团队的发展。

请注意，这只是一个相对保守的估计。**在团队分工运作成熟的公司里，真正的团队合作是常态，人们通常将 80% 甚至更多的个人可用时间贡献给团队工作，只留下 20% 的时间用于个人日常事务。**尽管如此，也不用急于求成，积跬步终至千里。

如果团队中的每个人都意识到其他成员也都做出了彼此相当的承诺，那么大多数人都会自发地准备好尽己所能，因为他们都希望同事们将自己视为并肩作战的队友。

（2）就如何利用这些时间资源达成共识

接下来的挑战是确保你的团队成员认识到，他们投资于团队项目和活动的时间是服务于整个集体的利益的，而不是为了满足个人的诉求，或是仅用于处理使其个人受益的事务（这些事应该利用其余的个人可用时间来完成）。

你必须确保每个人都明白这个区别，并愿意遵从这样的安排。在策划某项具体活动时，必须有人问："你提议的这项活动对我们整个团队会有什么益处？"

一名有经验的团队领导者通常会避免将任务直接指派给团队成员。我们可能都会碰到这种情况，由于某位同事无法参加会议，某些与会者就借机把最艰巨的项目摊派给这位同事。其实我们有更好的选择！高明的团队领导者善于调动大家的积极性，尽可能地让大家自愿承担他们感兴趣的任务。

需要注意的是，作为团队领导者，你有时也需要控制个别成员承担的工作量和任务复杂度。秉持着信守承诺的重要原则，团队领导者不应该接受"试着完成这个任务"的说法，就像电影《星球大战2：帝国反击战》中尤达大师所说的："要么做，要么不做，没有所谓的'让我试一下'！"

你可以通过管理集体的可"投资"时间来制定团队的整体战略，具体做法如下。给每位团队成员四张纸，每张纸上各写着一个关键目标：

1）提高客户满意度

2）加强技能培养和技能传播

3）提高工作的生产力和效率（而不仅仅是产量）

4）把工作做得"更好"（而不仅仅是完成得更多）

每个目标下面有五个问题：

1）有哪些可行举措？

2）每项举措将由谁负责？

3）每项举措需要耗费多少时间？

4）每项举措预计何时完成？

5）完成任务的评判标准是什么？

告诉每个工作组的成员，你将作为团队领导者与他们会面，讨论他们在接下来的三个月内准备采取哪些行动，以实现这四个关键目标。

你还要告诉他们，你想听到的是具体的举措，而非宽泛的目标。比如，他们不能只写"提高市场认可度"，因为这只是一个宽泛的目标。他们可以选择"举办三场关于 X、Y、Z 话题的研讨会"这样的活动作为具体的行动计划。再比如，"更好地培训初级员工"也是一种很模糊的表述。他们最好能提出"每周举办讨论会，包括邀请资深合伙人就各自的专业领域进行分享"这样具体的举措。

接下来，就是为每项举措确定对应的负责人。这样做不是要妨碍团队合作（不同的举措可能是整体计划的一部分），而是为了确保具体的责任落实到人。比如，可能很多人都会参与举办研讨会，但必须有某个具体的经办人，他需要"把事情扛在肩上"，负责组织并落实。

在讨论具体的行动计划时，你需要提前进行可行性分析。要考虑这项举措是否能够真正带来改变？估计所需投入的时间是多少？是否有足够的可"投资"时间来完成？团队是否过于依赖少数几个人？是否有其他尚有余力的团队成员可以参与这个项目？

你应该找到一个平衡点，在激发同事们活力（"能不能在三个月内完成得更多一点？我们是否可以再加把劲？"）的同时，适度抑制过高的热情（"让我们一步步来，我建议你们聚焦在那些你们认为肯定可以完成的任务上。记住，言出必行是很重要的。"） 当需要时，你可以提供一些建议，但要避免直接下达指令。试着（温和地）引导成员们采取一些行动，以取得阶段性成果，从而激发他们的乐观和热情。这将提升士气，使他们能够主动做得更多并进一步做出新的尝试。

在上述工作完成后，这个行动计划将变成一份你和团队之间的"契约"，更确切地说，是每个团队成员相互之间的"契约"。在会议结束前，可以确定大约三个月后的下一次会议日期，以回顾计划的执行情况及其影响：哪些方面取得了成效，哪些没有，哪些容易完成，哪些比预期的复杂。在接下来的会议上，除了回顾总结外，还可以讨论并制订未来三个月的新行动计划（使用相同的计划形式）。以此类推，直到这个流程成为团队日常运作的常规部分。

这种方法不是一个预算编制过程，而是对财务预算很好的补充。预算说明的是企业打算如何利用其收费时间来实现目标。这个过程为团队提供了一个框架，帮助它合理利用其"可投资时间"。一个团队如何利用其收费时间，将决定它当年的创收情况，而如何利用其"可投资时间"，则决定了团队的未来。

整个过程中，团队领导者不是通过告诉大家该做什么，而是通过鼓励每个人积极承担起对团队的责任来起着关键作用。你必须像对待月度财务报表一样重视并认真审视关于时间的"投资"行动计划。

让行动计划发挥作用的一个关键因素是持续的跟进。为了确保整个流程有效运作，作为团队领导者，你需要时常跟进并了解重要工作的进展情况。跟进的时间不是工作开始一年后，而是较短的三个月后。较短的跟进周期对于培养紧迫感并采取行动至关重要。当然，如果计划本身就是按照三个月的周期进行，那就需要以正式或非正式的方式更频繁地关注和跟进成员的行动和承诺。这种情况下，通过月度报告来了解工作进展情况不失为明智之举。

已从摩根路易斯律师事务所退休的杰克·纽曼与我们分享的他关于计划的看法是：

过度计划确实可能存在一些风险，但相较于压根儿没有正式的业务计划、仅仅寄希望于事情自然发展而言，过度计划的风险可能不值一提。我们每四到六周会进行一次评审，以评估团队在落实计划方面的进展，并由此来确定是否需要进行调整和变更。

确立共同的价值观

《团队的智慧》（*The Wisdom of Teams*）一书的作者之一乔恩·卡岑巴赫认为：

> 自豪感比金钱更能激励专业人士。你可以通过自豪感而不仅仅是团队归属感来激励他们。你可以对自己交付给客户的工作成果感到自豪，对所服务的客户类型感到自豪，对自己拥有的专业能力感到自豪，对公司的价值观感到自豪。

激情、活力和自豪感（并因此而取得财务上的成功）可以通过建立团队共识来实现，即团队在业务上不甘平庸，追求超越竞争对手的高标准。团队自愿遵守更严格的纪律，不为能力设限，持续追求卓越。福莱国际传播咨询公司的约翰·格雷厄姆指出：

> 塑造成功文化的第一个关键是组织必须同时具备鼓舞人心和是非分明的特质。成功文化能够激励员工追求卓越的工作表现，成为行业中的佼佼者，乃至行业标杆。每个人都想与具有杰出声誉的组织或团队合作，希望挑战自己来赢得这份独一无二的声誉。与鼓舞人心并存的是一种是非分明的立场，这是团队为了取信于人所必须坚守的。在不划清公司是非界限的情况下，追求卓越无异于建造空中楼阁。因此，管理方面的挑战表现在两个方

面：一方面是招募到有动力追求卓越的人才，另一方面是确保个人的热情和动力不会轻易磨灭。

要创造这种激动人心的挑战，团队必须事先确定卓越的标准。最常见的"不可妥协的标准"包括：

1）只接受令人满意的工作成果。

2）在客户满意度方面，仅凭专业能力是不够的。我们需要成为客户值得信赖的顾问，而不仅仅是技术专家。

3）团队成员必须有个人发展计划并为之努力，不能无所事事。

4）不应有人去做那些可以委派给更初级的员工的工作。如能委派，则须委派。

5）每个人在任何时候都必须尊重他人。

6）通过负责任的监督和管理，以高标准确保所有客户任务顺利完成，受人之托、忠人之事是我们不可推卸的责任。

严格遵守这些标准的团队不仅能够实现业务上的发展，而且能够营造愉快充实的工作氛围。作为团队领导者，你需要引导团队成员依照一套共同的价值观和原则进行合作。那么，你的团队对于最低行为标准的看法是什么样的呢？

要创建一种能够让成员引以为豪的高效文化，团队领导者必须有效引导团队成员之间的相处之道。《言行一致》这本书提到，团队领导者必须对以下行为持百分之百的零容忍态度。

1）滥用职权

2）不尊重他人

3）背后中伤

4）泄露机密

5）恃强凌弱

6）游手好闲

7）相互指责

8）说三道四、满腹牢骚、怨天尤人

9）缺乏担当

10）缺乏团队合作

11）恐吓威胁

12）违规行事

13）自定规则

14）失信于人

15）推卸责任

16）操弄办公室政治

17）当"甩手掌柜"

我们建议你与团队成员分享这个清单，看看他们是否也同意对上述事情采取零容忍的态度。如果他们在清单上删除或添加项目，那也是好事。至少你将拥有"唠叨权"来推行他们已经同意的规则。

与之对应的是，有些行为标准是成功的团队所必需的（同样出自《言行一致》这本书），列举如下。

1）秉承"我们不在乎这件事是怎么发生的，我们只想把它解决好"的态度

2）为每个人提供提升专业能力和获得职业发展的机会

3）重视社交礼仪，保持礼貌和职业精神

4）每个人都积极参与团队合作

5）平易近人

6）自我激励

7）协商（每个人的声音都应当被听见和重视）

8）共同为团队的成功而努力，而不仅仅追求个人利益

9）践行承诺

10）始终保持值得信任、尊重和正直

如果大家都同意这些行为标准，那么你可以化身"文化警察"，对于违背标准的行为，一开始可以温和地处理，但也要做好准备，在必要时采取更严厉的举措。从长远来看，你需要坚定是非分明的立场，并对践行团队价值观的行为坚持到底。

需要强调的是，我们建议你和团队建立起一套属于自己的价值观体系，而不是简单照搬这里列出的东西，因为照搬照抄没有任何意义。要建立起你和团队共同信奉的价值观，而不仅仅是那些你认为你应该信奉的价值观。

第十三章

建立团队信任

如何让团队成员信任彼此?

团队运作过程中可能会出现各种问题,一些常见的团队出现问题的信号包括:

1)团队讨论时出现不同派系的争斗。

2)团队成员公开抱怨并相互指责。

3)团队成员故意唱反调以表示对抗。

4)即使是很小的决策,也要经历冗长耗时的辩论。

5)频繁地就团队已做出的决策进行争论或修改。

如果这样令人失望的情况屡屡发生,就会导致人们不得不耗费精力来面对猜忌的眼神、未解决的问题、抛诸脑后的承诺、含糊不清的约定以及被迫推迟的交付时限。这些问题会进一步引发争吵、流言、怨愤和挫败感。

这些征候的共同根源在于——团队成员之间缺乏信任。当我们身处一个彼此信任的环境中时,即使我们的观点有时未被采纳,我们仍会感到被支持和肯定。因此,我们更有可能全力以赴,发挥创造力,充分展现自己的才能。但当彼此之间缺乏信任时，人们只肯躲在自己的安全区内，仅能发挥出潜能的一小部分。这种情况下，团队领导者就像在用许多单弦乐器来完成一场交响乐演出。

大家都明白信任的重要性，但它往往很难定义，更难衡量，信任是一种只能意会的默契。然而，它对于团队合作至关重要，需要我们关注并投入必要的时间来培育。正如一位主管合伙人所指出的："如果没有信任，人们就难以合作，不会全力以赴，也无法明确自己的原则与立场。"

重要的是要认识到，**难以建立信任关系通常并不是当事人道德低下或者其主观恶意所造成的**。相反，信任往往被一些草率的行为所破坏：不回复他人的信息、将利益相关人士排除在决策之外、仅仅专注于完成自己的本职工作而不顾及他人，等等。专业人士过着忙碌、高压的生活，经常需要面对来自客户的巨大压力和紧迫的项目时限，因此他们有时会做出一些有损信任的行为。但这并不意味着他们本质上不可信赖，只是他们通常疏于在建立信任方面采取相应的举措。

建立信任的策略

大多数人倾向于把最深的信任留给那些与其关系更紧密的人，比如家人、多年好友以及自己社交圈中经过时间证明的值得信赖的人。对于工作中的同事，我们常常有所保留，因为我们无法确定他们在特定情况下会有怎样的举动或反应。作为团队领导者，为了帮助团队成员建立信任，你可以帮助他们理解什么是能够建立信任的行为。尽管这并非短时间内就能见效的，但你可以在下次会议上尝试一下这个练习：

步骤 1：确定构成信任关系的具体要素

步骤 2：就个人行为准则达成共识

步骤 1：确定构成信任关系的具体要素

让你的团队成员一起对这个句子进行填空："当……时，我信任他"，并要求他们使用能够描述具体行为和可观察行动的词语。在"……"处，他们或许会这样填写：

1）他能够及时向我传达与我本人、我的工作或我的客户关系有关的信息。

2）他愿意与我分享他自己的观点和专业知识，而且能够坦陈自己的不足和过失。

3）他会努力兑现为我或团队做某件事的承诺。

4）他无法完成我要求的工作，会提前向我反馈。

5）他无法按照我们约定的截止日期完成工作，会提前告诉我，以便我可以重新调整预期，或者另作安排。

6）他在做决定时会征求我的意见，然后要么采纳我的建议，要么会向我解释为什么采取其他替代方案。

7）他不知道某个问题的答案，他会直说，而不是试图虚张声势。

8）他不赞同我的某个观点或看法，会如实相告，并且会以相互尊重的态度提出其他建议或替代方案。

9）他对我说过或做过的事情感到不快，他会直接与我沟通，而不是事后让我从别人那里听到他的不满。

这个问题并没有以"我难以相信别人，因为……"的形式提出，以免引发一些毫无意义的指责。这样做的目的是让大家明确建立信任的行为，而不是对团队中任何人过去的表现持否定态度。

你要鼓励团队成员认识到，他们可以通过自己的行为影响他人对其可信任度的评价。**他们与他人关系的紧密程度受到自身能否信守承诺、考虑他人的时间安排、坦诚处理问题和迅速响应请求的影响**，即使他们对其他成员并不太了解。此外，他们需要明白，当团队中的每个成员都愿意伸出援手帮助其他人时，整个团队都会因此受益。

步骤 2：就个人行为准则达成共识

当你确定了信任关系中的一些基本要素后，下一步就是与团队一起集思广益，制定具体的行为准则，鼓励那些你们认为能够建立信任的行为，禁止那些破坏信任的行为。同时，要帮助大家认识到，信任的建立是一个漫长的过程，而破坏信任只需要几秒钟。这需要我们表现出真实的一面，愿意承担风险，愿意将某些事放手托付给团队伙伴。

确立和推行这些准则并不完全是团队领导者的工作。如果每个人都想要赢得其他团队成员的支持和信任，那么这些准则就必须成为自我要求的标准。这一步将帮助每个人了解他人对自己的期望，以及如何以能够建立信任的方式行事。

信任的构成要素

在这里我们考虑一些信任的构成要素，以及围绕这些要素我们能做些什么。

1）学会分享
2）践行承诺
3）如果不能胜任，就要告知对方
4）询问他人建议后要及时告知最新进展
5）提出建设性的不同观点

1. 学会分享

可以尝试开展下述活动来加深团队成员之间的了解。首先，给每个团队成员发一张卡片，请他们在卡片上列出：

1）他们具备的某种特质、才能或技能。

2）其他成员可能不知道的他们独特的经历或成就。

3）他们希望能改正或正在努力改正的个人缺点、不足之处。

请注意，这些内容不一定都要与工作相关。

大家写完卡片后，让每个人在卡片背面签上自己姓名的首字母，然后收回卡片并像洗牌一样将其打乱。给每个人随机分发一张卡片，轮流请每个人读出自己所拿到卡片上的内容，并试着猜出谁符合这张卡片所列的特征。如果需要，可以通过卡片背面的首字母来确定卡片是谁写的。

这个活动的目的在于帮助团队成员更好地了解彼此。信任意味着更加紧密的关系，但也会涉及透露个人隐私的风险，这些隐私既有积极的，也有不那么积极的。但是，通过承担这些风险，团队成员彼此的信任程度会加深。赢得信任需要每个团队成员为之付出努力。

信任是将团队从情感上凝聚在一起的黏合剂，但在使用这种黏合剂的过程中，我们也会碰到难以避免的棘手情况。例如，团队成员可能不得不承认自己犯了错，将某件事搞砸了或在某方面失败了。那么你在建立团队信任的过程中应该如何处理好这种情况，从而避免让某位成员一直背负着失败者的标签呢？

有一种方法能够增强人们的抗挫折能力，那就是包容彼此的过错，与团队一同反思失败，从中学习经验，总结教训。我们曾与很多优秀的团队合作，它们都秉持着这样一种理念：成功是团队共同的成就，失败则不应归咎于个人。因此，如果团队成员不再担心因为无意的过错而受到责备，那么他们因失败而产生的挫折感就会减少，团队成员之间的信任也因此而增加，自然而然地，团队的创新能力也会相应提升。

2. 践行承诺

当人们同意做某件事时，常常会问自己："我是否真的能在规定时间内完成这件事?"布置任务的人也心存疑虑:"他能说到做到吗?"这些反应很常见,也很必要,因为这会让我们在接受任务之前三思而行。

如果你没有全力以赴的决心去按时完成任务或取得期望的成果,就不应盲目做出承诺。

在无法兑现承诺时,常见的说辞有以下几种。

1)遗忘("我不确定我是不是这么说的。")

2)对情况的误判("我没意识到它会花这么多时间。")

3)外部因素干扰("你无法想象过去的这个月我另一个客户的要求有多么繁复。")

4)改变初衷("对这个项目再三斟酌后,我不确定它是否真的值得我们去尝试。")

在一个团队中,如果某个成员没有按时交付工作成果,其他成员的反应可能是郁闷(因为需要再次讨论同一话题并做出方案调整)甚至是恼怒(因为他们会为此付出巨大代价)。没能够兑现承诺不仅会使他人士气低落,还会影响到其他人将来践行承诺的意愿。换句话说,如果你没有按时完成任务,其他人为什么要按时完成自己的任务呢?

未兑现的承诺会消耗团队的士气与精力。让团队失望的成员必须认识到,当其他成员没有得到曾经许诺的结果时,他们不太可能在他下次做出承诺时充分信任他。在一个轻许承诺的团队中,人们最终会失去对彼此的信任。

许多与承诺有关的问题,更多的是出现在许诺的环节,而不是在兑现承诺的过程中。以下是一些有助于践行承诺的手段。

(1)防止遗忘

设立一个规则,由团队中的一名成员(轮流负责)记录大家做出的每一项承诺,并在讨论结束后的24小时内将承诺清单发送给所有成员,以留存备查。

（2）减少对情况的误判

在规划任何项目时，都要采用谨慎、适度的时间分配原则。换句话说，任何工作都应该小步快跑、循序渐进，至少收获一些阶段性的成果，而不一下子把大量任务压在某位成员身上。

（3）应对外部因素的干扰

在人们繁忙的生活中，再周密的计划有时也会被紧急情况所打乱。我们应该做好预案，确保项目经办人有后备人选，以便在紧急情况出现时接棒继续。如果每个人都同意成为其他团队成员的后备人选，一旦客户出现紧急情况时，就可以及时安排人员来接替。

（4）避免改变初衷

当人们觉得一个项目是强加给他们的时候，他们往往会中途变卦。为了避免这种情况发生，尽量确保团队成员只承担他们自愿接受的任务。我们当中有多少人参加过这样的会议："有个很棒的项目适合贝蒂，让她负责吧。这样她下次就不会再缺席团队会议了。"这个看似无伤大雅的举动不仅会降低贝蒂对团队的信任，还让她觉得自己有了可以半途而废的理由。

3. 如果不能胜任，就要告知对方

想象一下这种情景：你正坐在办公室里，突然乔纳森探头进来。你抓住这个机会问道："嘿，乔，今天晚些时候如果你有时间，看看能不能帮忙找一下我们之前讨论过的那份报告？"

乔纳森一言不发地就离开了。于是你开始纳闷：他真的听到我说的话了吗？他去找那个文件了吗？我大概要等多久才能拿到报告？我开门见山地让他帮忙是不是让他不开心了？难道他忘了我帮过他的忙？

乔纳森对你没有回应，这件事会让你产生疑虑。不确定他有没有听

到你说的话，不确定你找他帮忙这件事有没有冒犯他，不确定他是否会帮忙。这些疑虑可不会增加任何信任感。

如果乔纳森只是说："我会尽力而为。"你会感到安心，知道他听到了你的请求并愿意帮忙。但由于没有确认具体的细节，你仍然心有疑虑。所以，这仍然不是能够建立信任的有效沟通。

如果乔纳森说："我会把报告拿给你。"过了一会儿，你可能会心想："说好的报告呢？什么时候给我？"**不难看出，当双方没有对具体细节达成一致时，会滋生不确定性、犹豫、怀疑，导致时间和精力上的浪费，并最终招致彼此埋怨从而失去信任。**

确认具体细节需要做到在沟通中清晰明了，并达成明确的一致意见，包括由谁完成什么事情，以及具体的完成时间或日期。不要留下任何不确定性。

当团队同意采用上述"确认具体细节"的沟通规则时，这意味着它认识到团队成员相互明确细节和行动时间的必要性。我们的目标是，无论大事还是小事，确保具体细节都百分之百确认。

4. 询问他人建议后要及时告知最新进展

想象一下这种情景：你的一位同事来到你的办公室，想找你讨论一个关于团队通讯简报的话题。由于这个话题涉及你的专业领域，他很重视你的意见。你和他讨论了各种情况，并提出帮他准备一份摘要。你起草了一页纸的摘要并发送给他。一个星期后，新的简报发布了，但其中没有包含你提供的任何信息。

那天下午，你在大厅遇到了这位同事。你随口问他是否收到了你起草的摘要。他告诉你他收到了，但经过与其他几位同事的讨论后，他决定推迟收录你的这份摘要，直到监管机构就相关事项有了进一步的进展。

你现在可能会思虑的是，他在做出决定之前还跟多少人讨论过？其中谁可能比你更有影响力？为什么你在简报发布之前没有被告知？

如果人们在行为上缺乏诚信、厚此薄彼，或在处理问题时没有一碗水端平，那么彼此之间的信任很难建立。你的团队成员是否感受到自己被公平对待，或者他们中的一些人是否觉得自己被排除在决策过程之外呢？

5. 提出建设性的不同观点

在任何小组讨论或会议中，当有人提出一个想法时，最常见的一种情况就是收到这样的评论："是的，这是个好办法，但是……"。

专业团队是个聪明人扎堆的地方。他们很快就会为这个以"但是"为结束语的摆出恩赐态度的赞同而感到不快。因为这个"但是"实际上表示对想法的否定。这种情况屡见不鲜！

团队成员必须共同制定团队行为准则。**在团队会议上质疑他人是否可被接受？诚然，诚实的人不一定总是意见一致，关键是大家应该如何在尊重彼此的同时，表达不同的意见呢？**

很多团队都制定了一些简单且得到广泛认同的规则来应对这些情况。这些规则本身并不重要，重要的是规则制定过程中的思考和讨论。

下面是几个例子。

1）在回应同事的发言时，避免使用"但是"这种转折词，所有类似的转折词都不应使用。一旦违反规则，要处以罚款，因为这样的举动可能会破坏团队讨论的氛围。

2）如果其他团队成员提出了一个你不赞同的想法，即便你想反驳，你也应该首先重述对方的观点，然后尝试提出一个思路来支持或完善他的提议。

3）如果有任何一个意见存在争议，需要团队成员投票才能决定的话，投票应当推迟到下次会议，以便让大家有更多的时间思考。

BKB 会计师事务所的主管合伙人丹尼尔·J. 芬森告诉我们：

> 你必须对人十分坦诚。你应该告诉别人你将要做什么，并且
> 要做到你所说的。如果你说你会做某件事，但突然出现了其他情
> 况，那就打电话给你告诉过的人："你知道吗，计划有变。让我
> 告诉你发生了什么。"不要默不作声地让答应过的事情不了了之。
> 我们可以积极主动地建立互信，但要做到这一点，你必须与人坦
> 诚相待。别人必须知道你总是信守诺言。

当团队中的某个成员始终以有违团队规则的方式行事，并开始对其他人造成负面影响时，会发生什么？

显然，人们总是更加信任那些诚实守信的人。因此，很难理解为什么优秀的团队领导者通常不愿意撤换那些表现不佳的团队成员。这种不情愿可能源自私交甚笃、担心冲突，或者是相信这个人的绩效表现最终可以通过培养恢复到可接受的水平。

团队领导者的工作就是鼓励团队成员赢得彼此的信任，并向他们展示如何将信任转化为更大的承诺、更强的创造力、更高的职业满意度和更好的绩效表现。

凝聚团队

人们更容易信任那些他们认识和交往过的人。你越是想方设法帮助你的团队成员相互了解，他们就越有可能彼此建立信任。公认的团队建设领域的专家乔恩·卡岑巴赫对此做出了详细阐释：

> 相互尊重和信任的含义是不同的。但是两者同样重要，尤其
> 是团队合作早期阶段，还来不及形成彼此之间的信任。一方面，

它强调了在专业服务工作中"能力"的重要性。你不一定喜欢某人，但仍然可以对其表示尊重并展开有效合作。另一方面，你也可以信任一个你并不一定非常认可其专业能力的人。两个人建立信任的最好方式之一就是合作共事。

有很多方法可以让你的团队成员有合作共事的经验，不管是在实际工作中还是在其他方面。下面是《言行一致》一书中提供的一些有建设性的方法。

1）打造"特别行动小组"来应对团队计划中的变革。

2）和每个人讨论团队的财务表现（薪酬除外）。

3）设置一个公告板，列出每个人想为自己或他人庆祝的事情。

4）确保每个人都知道决策背后的原因。

5）每周五下午，召集大家一起回顾本周工作。

6）鼓励大家一起吃午餐（不附任何议程，非正式的）。

7）定期向整个团队做"团队进展报告"。

8）通过简报、邮件、午餐会等多种形式，鼓励开展跨职能的信息共享。

9）充分利用跨界团队。

10）花点时间进行社交互动，哪怕只是在走廊里聊上几句。

记住，这些方法不是拍脑袋随意提出的，它们都出自各行各业的优秀企业的实证经验！

此外，有确凿证据表明，当人们在工作中感到挑战和乐趣并存时，企业的盈利能力就更强。工作中，挑战是普遍存在的，但乐趣不是。正如任职于美国百强工程企业 Vanasse Hangen Brustlin（VHB）的约翰·范斯坦（John Feinstein）所说：

> 根据历史经验，我们发现需要去营造一种氛围，让人们在努力工作的同时，还能够享受社交和"欢聚"所带来的快乐。我永

远不会忘记，我从一家老派保守的工程公司加入 VHB 的时候，适逢赢得了一个重要的项目，公司前台接待员通过扩音器大声宣布："是时候庆祝了！"啤酒和比萨遍布办公室，所有同事欢聚一堂，共同庆祝胜利。我坐在后面，惊讶于大家所展现出的团结和友爱。这在我之前的公司是绝对不可能发生的。

在 VHB，我们几乎所有部门和办公室都有"娱乐委员会"。初级和中级管理人员负责计划每月的娱乐活动，如球赛、泳池之夜、看电影等。我们还鼓励各个部门一起开展这些活动，这样的话，来自不同部门的同事就可以相互了解，增进交流。这是业务整合能够取得成功的一个重要因素，因为只有当团队成员视彼此为"真正的同事"而不仅是普通工作伙伴时，才会表现出不同寻常的奉献精神和纪律意识。

以下是那些成功的专业团队在实践中采用的一些做法，它们不仅能够营造积极欢乐的工作氛围，还能建立大家对团队的归属感和信任感。

1）安排形式各异的外出团建活动。

2）每天一起共进午餐。

3）举办春假聚会。

4）开展慈善日活动，支持每位员工为当地慈善机构志愿服务一天。

5）举办公司内部派对和开放日等特别活动。

6）提供免费按摩、擦鞋服务、读书俱乐部、健身课程、外语课程、惊喜甜品、游戏机、母亲节礼物等。

7）安排集体出游，参加电影首映式，观看文艺演出等。

8）公布年度十大错误。

9）举办家庭日活动，让大家带孩子来上班。

10）为客户娱乐活动提供赞助。

第十四章

发起挑战

团队是否选择了激动人心的挑战?

常识告诉我们,提供丰厚的外在奖励(金钱)能够激励人们提升自己的工作表现。但金钱真的是全部吗?或许是。存进退休账户里的钱总归是越多越好。但当一个人的财富累积到了一定程度时,金钱已经不再那么重要了。正如邦克·亨特曾经说过的那样,"金钱只是一种记分方式"。作为一个群体,专业人士薪资丰厚,更有动力在其事业中寻求金钱之外的回报。

金钱以外,人们还有其他重要的需求,比如学习、个人价值、自豪感、专业能力和回馈社会。如果一份工作仅仅提供物质回报,它就无法激励人们全情投入。他们可能还会感到缺乏参与感,所以当其他公司提供更高的薪酬福利时,他们会毫不犹豫地离开。正如阿尔菲·科恩(Alfie Kohn)在他的《奖励的惩罚》(*Punished by Rewards*)一书中所阐明的,物质奖励反而会削弱一个人的工作积极性。

1975年,芝加哥大学的一组心理学家公布了一项研究,探讨了那些具有内在激励因素的活动。他们将研究对象分为两类,一类是攀岩、舞蹈和国际象棋等休闲活动，另一类是音乐、医疗手术和教学等工作活动。他们希望了解这些活动能够令人愉悦的原因。他们发现，人们学习或参与这些活动的主要原因是体验这个过程并在其中施展自己的技能。那怎样组织和设计一项活动，才能激发人们内在的动力和兴趣呢？

芝加哥大学的这项研究发现了一个令人惊讶的一致性结论：无论具体的活动是什么，最基本的要求都是提供一系列明确的挑战。在这项研究中，排名最高的三项挑战包括"设计和发现新事物""探索一个陌生的地方"和"解决一个复杂的问题"。这些都表明，激发内在驱动力的关键在于参与那些需要我们在体力、精力或情感上接受挑战的活动。

无论是作为专业人士竭尽全力，还是享受与客户合作的乐趣，回应新冒险的召唤都能振奋我们的精神。被要求做得比以前更好是一件鼓舞人心的事情，它迫使我们深入自己的内心，激发出内心的冠军。清楚这一点，对团队领导者来说很重要。

正如我们所强调的，你需要花足够多的时间去了解团队中每个成员都希望实现的目标以及他们可能面临的挑战。**你必须发掘团队成员的梦想、愿景和抱负，在可能的机遇和个人能力之间寻求适当的平衡。**

迎接挑战

海伦·凯勒曾经说过："人生要么是一场伟大的冒险，要么什么也不是。"梦想赋予了生命无限可能。很多时候，如果没有目标，我们容易陷入碌碌无为的状态，只有在面临重大危机时才会意识到自己的问题所在。

想要取得更大的成就，我们就需要唤醒自己的潜能。但是如何做到呢？通常情况下，我们无法独自唤醒自己。而这正是有才干的团队领导者可以提供帮助的地方，他们明白，人总是不安于现状的。没有挑战和困难的工作如浮光掠影，空洞且乏味。没有什么比我们问的或者拒绝问的关于职业方向的问题更能塑造我们的生活了。

想一想你在工作中最近一次灵感被激发的时刻吧。那个灵感的源泉是什么？是未知领域的挑战，还是需要帮助客户解决一个特别棘手的问题？或者是因为某个令人着迷的可能性激发了你的想象力？有没有哪一次，你觉得自己已经达到了极限，但最后发现你能做得比自己原本想象的更多？

基于这个主题，你作为团队领导者需要向你的团队成员询问以下两个问题并就此对成员进行评估。

1）我们是谁，我们能做什么？

2）我们将团结在哪一个共同的愿景下？

一个优秀团队最突出的特点是，当团队发现了一些更大、更有吸引力的挑战需要征服时，成员们会展现出无往不胜、所向披靡的精神。越是面对激动人心的挑战，优秀的团队就越会积聚力量，通过彼此之间的相互依赖和密切合作，克服各种困难并取得卓越的成果，以实力证明自己的价值和成就。

团队领导者不仅要帮助团队中的每个成员实现个人发展，还应该想方设法来推动团队关注和追求那些可能被忽略的目标。其中很重要的一点就是，帮助人们找到工作中的意义和兴奋点。瑞士信贷第一波士顿银行的投资银行部消费品行业联席主管莉莎·贝利（Liza Bailey）曾说：

> 对团队中的每个员工而言，无论是处理数据的分析师还是更高级别的人员，都应该从一个广泛而全面的视角来看待我们的客户。我喜欢让大家思考，"有哪些问题会让我们客户的 CEO 辗转反侧，难以入眠？客户正在面对哪些挑战和焦虑？"我希望大家能越过眼前琐碎的细节，理解客户真正的需求和痛点。团队需要

解决的所有问题都属于这种广义上的重要问题，这有助于团队找到正确的商业模式。这也改变了分析师的一切，让他即使在深夜11点第五次修改贴现现金流量表时，也能够审视自己手头的工作，并将其与我们如何为客户提升价值联系起来——我们正在改善一家公司的资产负债表，或者帮助它拓展亚洲的业务，而不仅仅是完成一笔新的交易。

在《超越认知》一书中，帕特里克和他的合著者这样表述道：

你采用哪种激励方式来赢得员工的支持？你的团队存在的价值是什么？

你的团队对公司、你所从事的行业或你的职业做出了哪些重大贡献？这些问题不仅让我们每个人去思考我们正在做的事情，而且让我们思考我们为什么要这样做，以及怎么做才能超越自身的局限性，不与琐碎纠缠，不受陈规束缚。

如果我们希望成就非凡，需要面对哪些激动人心的挑战？

有一项不可抗拒的挑战，意味着我们有对理想状态的形象表述，这能激发大家采取行动。团队需要紧迫感，明确优先级。当一个团队同时拥有多个互斥的目标时，协同的努力会被稀释，个人目标很快就会优先于团队目标。

优秀的团队会设法将员工的个人目标融入团队目标，通过迎接必需的挑战来管理矛盾。就团队目前共同面临的挑战达成共识，是让难以合作的人坐到一起的最重要的基础。这类挑战可以使人们放下成见，不再只顾追求个人利益或捍卫自己的地盘。当人们意识到对自己意义深远的挑战单凭自身力量无法克服时，他们会自觉地寻求合作。

关于挑战，团队领导者需要提出下列问题。

1）我们希望实现怎样的突破性目标？

2）我们需要解决怎样的复杂问题？

3）我们需要进行哪些前所未有的尝试？

4）我们需要战胜怎样的竞争对手？

5）我们能否以饱满的热情和积极的态度去追求不凡？

以下是一些你可能会收到的关于上述问题的反馈。

1）参与一个备受瞩目的项目，团队成员为此投下高额"赌注"，甚至可能为在预定的截止日期前完成任务或实现目标而展开竞赛（一个高风险、时间紧迫的目标）。

2）团队感知到的奋斗目标，可以是致力于实现变革（有所为，追求积极结果），或者是需要避免不利的经济状况（有所不为，避免消极后果）。

3）确定一个（真实的或存在于观念中的）想要战胜的对手或一个想要征服的竞争者（以强化自身的优势地位）。

4）我们需要战胜认为自己是"获胜的弱者"的竞争对手，它是充满活力的特立独行者、不拘一格的颠覆传统者，或者是引领潮流的后起之秀（具备使命感的破旧立新的开拓者）。

5）塑造团队成员共同的梦想，比如创造一些新东西，探索并创造先例，解决一些棘手的问题，并得到相应的认可（旨在完成一些更具实践价值的工作）。

所有这一切，都关乎团队共同的成长与奋斗，为了那些鼓舞人心的时刻，以及心中崇高事业的实现。你应该与团队一起，明确一个具有吸引力的挑战（它可以是贴近现实的，也可以是天马行空的），并为之努力。你们要敢于开拓引领，敢于成为所有人都在谈论的那个团队。

接下来，请为立即采取行动创造条件，让每位团队成员都自愿做出承诺。为实现目标，你需要想好一个兼具说服力和紧迫性的理由，而不是试图降低挑战的难度或局限于实现目标的具体路径。你需要关注的是，为什么完成这项挑战对于整个团队如此重要。你可以基于事实情况和实际业务需求来说明理由，让团队行动起来。请从下面的步骤开始尝试。

1）请团队成员阐明这对他们有什么好处。

2）给每个成员发言的机会，让他们能够表达承诺和决心。

3）利用现有资源，做好当下。

4）鼓励做出尝试。

5）先声夺人，保持势头。

6）寻求机会，超越自我。

7）立大志，展宏图。

8）专注于因努力而收获的乐趣。

1. 请团队成员阐明这对他们有什么好处

首先，我们可以要求团队成员解释，为什么实现这个目标对其个人的工作和事业发展很重要。你可以和每个人讨论他们可能面临的机遇和挑战。这有助于产生一种紧迫感。团队成员必须能感受到他们的天赋和技能可以得到充分施展。通过这个过程，你的团队成员可以清楚地说明为什么他们为这个目标努力并使之成为真正的焦点是值得的。

2. 给每个成员发言的机会，让他们能够表达承诺和决心

请记住，团队中的每个人最终都是自愿参加的。在某一时刻，他们必须选择参与或退出。

为了朝着共同的目标前进，他们需要保持饥饿，保持野心，保持期待。如果缺少坚定的热忱与信念，就很难应对接下来的挑战。人们的动力

来自他们渴望成为什么样的人以及他们所信奉的真理。

每个人，尤其是那些选择了某个专业领域的人，都希望自己能够有所作为，成就不凡。

同时也要认识到，承诺有着不同的层次，并且会随着时间的推移而逐渐深入。起初，有些人可能只能达成意见上的一致，但情感上无法产生共鸣。因此，他们只有在团队领导者在场或在得到团队支持的情况下，才会持续行动。

承诺的最高层次是，一个人能够独立于团队领导者或团队，在看不到短期回报的情况下主动作为、实现目标。达到这个层次，个人的承诺通常都是源于他本身对事业的信仰，以及深刻的价值追求。

3. 利用现有资源，做好当下

确保团队成员不会因挑战的复杂性和艰巨性而感到灰心丧气。团队可能会遇到各种毫无成效的讨论、规划和分析会议，无法取得任何实质性的进展。

"物含妙理总堪寻"，与其追求类似于"国内顶尖的专业团队"的浮名，不如脚踏实地，选择一个细分领域作为突破口，利用现有的资源，采取必要的行动来提高下一个季度的表现。

这样做的目的是，通过在短期内取得一些实实在在的成果，鼓舞团队的士气，让团队成员学有所获，为接下来的不断进步打下基础。

4. 鼓励做出尝试

你能否列举一些你的团队目前正在进行的探索与尝试？这些探索与尝试需要是你相信它们能从根本上为客户创造价值，为公司创造新的收入来源，带领团队开拓新的市场和业务，或者能够创造新的知识的。探索与尝试越多，你的团队就能越快地了解哪些策略可能奏效。

5. 先声夺人，保持势头

提醒团队什么是至关重要的。一旦我们沉浸于挑战中，我们的潜能将会被激发，而人类最伟大的力量——决心也将被激活。永远不要怀疑你所领导的团队成员对他们渴望之事的实现能力。你要知道，大多数胸怀壮志的人并不只是希望加入一个著名的公司或优秀的团队，他们希望的是参与一项伟大的事业。他们希望做更有意义的事情，让自己与众不同，并有机会留下一份自己的印记。

6. 寻求机会，超越自我

作为团队领导者，你需要想方设法让你的团队有所作为，有所发现，克服困难，积极应对来自外部的挑战。而且你还需要试着让这个过程充满乐趣。

7. 立大志，展宏图

当你有一个"不切实际"的目标时，你就需要用一种不同于常人的思维方式去看待你所面临的挑战和机会。对今年收入增长的合理预期是多少？你要明白，人们总是很难超越他们的预期。因为期望本身意味着为可能产生的结果所设定的上限。一个大胆的想法并不意味着一定能带来不落窠臼的创意成果，但缺乏远大目标往往会带来因循守旧、毫无新意的战略。

8. 专注于因努力而收获的乐趣

每个行业的市场领导者都是通过不断制定规则、打破规则、更新迭代来抢占先机的。他们要么领导开拓新的蓝海，要么专注于为现有市场提供全新的产品和服务。

我们将团队领导者的影响力和期望，及其提出的一些不可抗拒的挑战，视为能对团队产生作用的"鱼缸因素"。"鱼缸因素"是指金鱼会根据其生存空间（鱼缸或池塘）而调整自身的大小。医生对病人的期望，会对治疗的成功率产生影响。老师的期望，会对学生的成绩甚至智商的分值都带来巨大的影响。在你的团队中，你的同事能否取得成功同样取决于你为之创造的环境。

第十五章

如何高效开会

好的会议需要遵循哪些原则?

当人们说他们讨厌开会时,实际上表达的是对那些枯燥无味、无休无止的会议的反感。人们讨厌那些浪费时间且毫无意义的会议,哪怕有人做了会议纪要,也没有任何实质性的意义。

有些专业团队的会议毫无章法。人们很少会就主题发表意见,会议时间大多都被浪费在与议程无关的琐事上,而且人们很少能就具体的行动方案达成一致。正如我们的一位客户所描述的:

> 我们的会议就像肥皂剧一样。你可以离开三个月,回来后剧情还能接得上,没有任何新进展。

以下警示信号出现时,表明你的会议结构和程序存在问题。

1)团队会议总是不能按时开始或结束。

2)团队成员缺席会议或迟到的情况越来越多。

3)会议没有明确的议程,或议程、材料和报告没有提前分发。

4)会议安排不合理,时间过短或任务太多,导致无法有效地讨论和决定列表上的所有事项。

5）团队领导者没有做好准备。

6）某些人垄断讨论。

7）只有少数成员发言，其他人沉默不语。

8）成员相互打断或成为一场"对口相声"。

9）讨论时间拖得很长，但很少能得出结论。

10）会议结束时没有达成共识，没有确定具体任务的责任人和行动计划。

11）具体的项目没有按时完成。

12）对于没有完成工作或表现不佳的成员没有相应的处罚机制。

会议目标

如果你集结众人召开会议却未能推动团队实现目标，那么你将面临浪费团队时间的风险。为了避免这种情况，**建议你先与团队制定一些"会议规则"。你可以首先与团队一起探讨："我们作为团队打算在这次会议中有什么收获？"**

在这一阶段，你关心的重点不应该是确定会议的具体时间、频率或参会人员。你要做的是希望大家思考是否有必要召开会议。通常人们会给出以下几个常见的召开会议的理由。

1）我们可以更深入地了解团队中其他成员所负责的客户任务以及他们面临的具体问题。

2）团队成员可以轮流向团队分享有实质性内容的专业知识，尤其是近期参加外部课程或研讨会的情况。

3）会议可以作为一个平台，用于指导下属，回顾工作，给予反馈，增强自豪感，让他们感到自己在团队中扮演着重要角色。

4）我们可以邀请客户、其他相关团队的领导者，甚至外部专家来分享他们面临的问题和手头上的项目。

5）我们可以开展一些合作项目，特别是那些能够提升团队吸引力或帮助个人发展业务能力的项目。

这份清单（就像我们所有的清单一样）并非旨在详尽无疑地列举所有开会的理由。如果你尝试与团队一起讨论这个话题，你会发现，会议大致可以分为两种：一种是为了共享信息和获取知识，另一种是为了相互协作完成重要的工作。

会议规则

在讨论会议如何运作之前，团队需要共同确定一些会议运行的基本要素。具体而言，可以思考以下问题：

1）我们是否希望定期开会？

2）每个人通过这些会议会有哪些具体的收获？为什么对此投入个人时间是值得的？

3）我们如何通过知识共享、集体努力和参与联合行动计划更好地为客户服务？

团队应该（以书面形式）明确每个成员希望通过会议得到的具体回报。然后，团队应定期评估是否每个人都获得了他们期望的回报。如果没有，就应采取补救措施来调整会议形式或内容，从而使会议更有价值。

团队应该确定成员们愿意为每次会议投入多少时间。规模庞大的团队可能难以仅在一个小时内完成讨论，但是对那些并不习惯开会的团队来说，一个小时的会议时间至少可以作为一个合理的开始。

此外，你还应该确定每个人对会议安排的时间偏好：我们的会议应该在什么时候进行？一周的哪一天以及何时——早上、午餐时间、下班前还是周末？

优秀的团队总是会提前安排好会议时间，按照固定的日期和时间（比如每月的第二个星期二中午）进行，以便每个人都能保留那段时间。（正如大卫的业务经理朱莉·麦克唐纳·奥利里（Julie MacDonald O'Leary）指出的那样，这是一个基本的常识，秘书课堂上都会教到，但是我们仍然需要强调这点，因为很多团队都无法做到。）

克利夫·法拉赫对我们说：

> 即使是最好的商学院，也没有教会我们如何召开有效的会议。你只有在很幸运地被一家注重会议规则的公司聘用，或者得到了一位有效的经理的指导，或者购买了像这样的一本书时，才有机会学习到这一点。我通常会与我的行政助理一起计划和组织会议，她注重细节，确保关键问题能够在会上得到讨论。会议议程只有在经她审核后才会发送出去。在公司的会议上，最出色的管理人员会提出最有挑战性和最值得探究的问题。

作为会议规则的一部分，团队应当建立所有成员都认同的会议行动指南。

1）出席会议。

2）准时开始会议，并确保每个人都到场。

3）在会议开始的几天前，将书面行动报告发给所有人。

4）履行此前对完成特定任务做出的承诺。（是的，这看起来可能有些多余，但把它摆在台面上是至关重要的。）

在团队确定了可接受的行动指南之后，领导者应以书面形式将它们发送给每个人。此外，团队领导者还应该定期提醒成员们遵守共同约定，并在一些会议结束时花点时间评估会议是否做到了令每个人满意，是否与行动指南一致。

由于时间紧迫（这取决于团队规模），你最好带上一个能力出众的助手、秘书或其他工作人员来支持会议。他可以帮助你在会议上做好记录工作，还可以在会议结束后提供帮助，对项目进行监督，让你知道哪些项目正在顺利进行，哪些可能需要你亲自关注。

知识共享与技能提升会议

为了满足团队成员多样化的利益诉求，最佳方式之一是用一次会议来专门分享知识、提升技能，然后在下一次会议时专注于讨论重要的行动计划问题，帮助团队决定未来方向和改进方案。

尽管分享实质性知识和技术性信息很重要，但需要对这个过程加以控制，因为总有人错误地认为这类会议是展示他们最近干了什么的绝佳舞台。

团队成员之间的信息共享方式是多种多样的。我们可以通过备忘录、电子协作平台、公司内部网络、电子邮件、书面进展报告，甚至是利用社交聚会或公司走廊里闲聊的机会与团队成员分享重要信息。在会议中，我们可以充分利用在场人员的集体智慧来做出更好的决策，但前提是这些讨论必须对推动团队向前发展有积极作用。

对旨在"分享"的会议而言，最优先事项是确定一个议程，鼓励有实质性内容的学习和技能发展。**团队会议的最佳主题之一，就是分享在为客户提供服务、处理客户问题时获得的实践经验，或是分享通过研究发现的、可能会影响到团队工作的新问题或行业发展新趋势。**

丹尼尔·J.芬森使用了这样一个简单的技巧：

我们组织了一项被称为"咨询集锦分享"的活动。做法是要求每个咨询顾问概述他们在过去一个月内做过的事情，把它们写下来，我们再将其分发给每个人。这让各个部门的同事都非常清楚咨询顾问的工作内容。这种分享和了解本身就是至关重要的。

来自摩根路易斯律师事务所的杰克·纽曼曾这样说：

> 我们希望确保团队中所有的工作成果都能够传达给每个成员，这并不容易实现。例如，某位律师为客户做了一场演讲，并为此准备了一份发言提纲，如果没有团队的要求，他可能会把这份提纲永远锁在他的抽屉里。然而，我们需要确保其他人能够从他的这项工作中受益。虽然这只是一个提纲，但它可能会鼓励团队中的另一位成员做一个类似的演讲。或者，提纲本身的信息对其他团队成员可能非常有价值，尤其当大多数客户都面临类似的情况时。换句话说，这些分享会议强调了团队中的任何事情对每个人都很重要。

在团队讨论中，仅仅听别人泛泛地谈论他们正在做的事情是不够的。更有价值的是让每个人具体谈论他们从工作中汲取的经验，只有这样才能真正为团队中的其他成员提供帮助。

通常，当会议终于开始时，团队领导者会采取逐个询问的方式，比如询问某个成员："那么，伊万，最近你在忙些什么？"这种提问方式没有为团队成员提供明确的讨论方向和议题，导致某些成员可能会滔滔不绝地谈论一些对整个团队来说毫无意义的话题，浪费了大家一个小时的时间。其他人要么悄悄地离开会议室，要么在旁边开小会。

一个更好的方式是这样问："**在过去的一个月里，你学到了什么能够对其他人有所帮助的知识？**"然后在接下来的时间里，依次倾听每个人分享他们学到的新知。

团队可能会发现，花一些时间直接听取客户的意见也非常有益处。或许可以邀请客户向团队分享他们所在行业目前面临的风险、机遇和挑战。此外，许多团队也会让其成员轮流准备简短的演讲，以提升每个成员的技能水平。以下是一些富有成效的演讲主题。

1）展示一项会使每个成员从中受益的新技术的用法。

2）向团队介绍对客户所面临的问题有重大影响的发展动态。

3）请经验丰富的行业高手通过角色扮演向团队展示他们如何应对特别棘手的客户。

聪明的团队会为这样的会议录像并存档，记录下集体智慧。

如果你的团队准备每月开一个小时的会议，你可以考虑为每两次会议安排一个知识共享与技能提升的议程。这样你的会议就可以专注于更具体的工作了。

行动计划会议

行动计划会议可能是最难处理的会议类型，但是团队领导者如果遵循下面八个互相关联的原则，将有助于为会议赋能，提高会议效率。

1）明确一个主题

2）进行头脑风暴

3）确保想法的可行性

4）获得自愿的承诺

5）控制每个人的任务规模

6）制订行动计划

7）会议复盘与跟进

8）庆祝成功

1. 明确一个主题

每次会议都应该聚焦于某一项对团队而言重要的主题事项。当然，议程中可能还会包括一些行政事务性的内容，或者需要后续跟进的事项；但是，会议中大部分的时间应该高度集中在一个主要议题上。

让团队成员共同思考以下问题，相信会有许多创造性的、有价值的想法浮现出来。

1）我们的团队可以采取哪些策略在未来一年提高盈利能力？

2）我们如何能够以更高的效率，同时又以更低的成本完成客户的任务？

3）为了提高工作效率，我们需要进行哪些类型的培训？

4）我们可以采取哪些行动，来提高客户支付给我们的服务费？

5）我们最近与哪个客户的合作是最具盈利性的？我们需要做些什么来获得更多类似的客户？

6）为了更好地留住人才，我们应该做些什么来确保提振士气、动力和大家的热情？

7）我们需要做些什么来更好地了解现有客户，找出那些让他们夜不能寐的难题，并为他们提供更有价值的服务？

8）现有或潜在的客户可能会需要哪些尚未有他人提供的服务？

9）我们需要做些什么来让现有的客户向其他人推荐我们团队的服务？

你现在应该找到了足够多的议题来激励你的团队为下一年而努力！

2. 进行头脑风暴

无论由谁来组织会议讨论，组织者（通常是团队领导者）都应该让团队成员参与头脑风暴。这样做的目的是激发个人的行动意愿，团队成员的想法一旦付诸实施，将有助于推动团队朝着目标前进。

如果大家都能保持高度集中的注意力，有意识地避免冗长的讨论和争论，那么你可以花大约四十分钟的时间来进行头脑风暴。因为专业人士通常喜欢进行深入而长时间的讨论，所以在会议开始时，你需要确定一些头脑风暴的基本规则。这些规则基本上与以下几点有关。

（1）想到什么就说出来

众所周知，人们被教导在开口之前要三思，这个要求在头脑风暴时可能需要调整一下。

（2）不要深入讨论

很多人倾向于用一种固定模式来阐述观点：首先提出一个概念，然后给出他的观点，进而讨论这种观点的优势！在头脑风暴时，我们需要鼓励大家简洁明了地表达自己的观点。

（3）不要做出价值判断，无论是支持还是反对

最好提醒与会者，成功的企业家们在面对一个新想法时一般会提出三个问题：我该如何让这个想法实现？最糟糕的情况是什么？如果最糟糕的情况真的发生了，我有什么退路？然后再提醒他们，面对一个新想法时，专业人士通常会在不到一秒钟的时间里想出十三个反对这样做理由。

（4）快速记录所有想法，让团队成员看到，以得到更多好的想法

你的目标是数量而不是质量。如果贾妮丝给了你一个想法后你写下来了，然后查克给了你一个想法而你没写下来，那查克要么会认为"我的想法也许不够好"，要么会觉得"真是见了鬼了"。

（5）鼓励大家参与，并相互借鉴想法

在头脑风暴时，人们常误以为好主意会立刻被大家认可。事实上，当一个突破性的新想法刚开始被提出时，很少有人能立刻意识到它的亮眼之处。新想法几乎总是存在某种与生俱来的缺陷。正如阿尔伯特·爱因斯坦

曾经说过的那样："如果一个新想法一开始看起来不是无稽之谈，那它就没有希望了。"

一旦同意了上述五个规则，团队就可以开始进行头脑风暴了。团队可以选择两种不同的方法来收集大家的想法。一种方法是，领导者围着桌子绕一圈，按序让每个成员贡献一个想法。另一种方法是让每个人匿名写下一个想法，然后交给领导者，领导者将这些想法写在白板纸上供所有人查。使用白板纸的好处在于可以将想法展示给所有人，并且可以保存下来作为团队贡献的永久记录。

领导者的角色，是帮助大家表达自己的观点，并记录下每个人的想法。在记录时最好给每个想法编号。在大家快速交流想法的时候，领导者很容易忽略某个人的观点，或者在记录时没有完全捕捉到其意图。所以，领导者有必要请团队成员帮助，确保所有的想法都被准确地捕捉和记录下来。另外要注意，尽量使用对方原话中的措辞，而非总结或概述。

领导者应确保有一个助手在现场做笔记。如果由团队成员自己来做笔记，完成起来可能会有困难。这位助手也应该是制作图表或行动清单的人，并负责监督工作进展和责任落实情况。正如朱莉·麦克唐纳·奥利里指出的那样，助手在后续跟进工作中通常比团队领导者更有效。当助手顺道走过来对某位成员说："我负责整理大家承诺的工作成果，你什么时候可以给我反馈？"时，这通常比团队领导者这么说更像温和的"唠叨"。此外，如果一个人遇到困难，他们也可能不那么害怕向助手透露原因。

3. 确保想法的可行性

一旦列出所有（没有经过评判）的想法，团队领导者必须确保这些想法是具体的、可行的、可操作的。这听起来很简单，但事实并非如此。根据我们的经验，这是头脑风暴过程中最棘手的部分。我们都倾向于表达概念或目标，也常常发现将这些概念转化为行动是困难的。

举个例子，一个常见的想法是："我们应该尽量到客户的办公场所拜访他们，以更深入地了解他们。"这个想法是好的，可唯一的小障碍是"如何才能做到？"。你如何确保每个人都这样做？你如何保证这个想法能够真正落地？

作为团队领导者，在这些想法浮出水面时，你必须提出以下问题："这个想法是否足够具体、明确并且能够被量化（或者它仅仅是一个目标、概念或目的）？"一个测试方法就是问自己，如果把这个想法交给一位初级员工去执行，他能否准确知道应该采取什么行动。

同时，也要思考如何在下次会议上拿出看得见摸得着的成果（或"交付物"），以证明所提出的想法的执行情况。比如进行一些研究（形成一份报告），制定一项政策、程序、一份清单或是模板，或者采取一些可以证明已经发生的具体行动。

当一个观点或想法不能满足上述标准时，你可以委婉地鼓励对方就方案提供更多的具体细节，而不是仅仅停留在讨论层面。比如，你可以对她说："贾尼丝，你的想法无疑对你和团队都很有帮助。你能再详细说说，如何确保团队的每个人都能始终做到这一点，以及我们如何确保行动的落实吗？"

然后你要和贾尼丝一起探讨一下如何做到这一点（可以让其他团队成员也参与进来）。通过委婉地追问更多具体的细节，你可能会得到这样的回答：

> "我们可以制作一张图表，贴在会议室的墙上，纵栏列出我们前 20 名客户的名字，横栏列出团队成员的名字。然后，我们可以实施这项行动，让每名成员在接下来的一个季度中都负责拜访一个客户，并在图表上标记拜访日期。在季度结尾，每名成员都向团队提交一份简明的报告，描述各自的发现。"

现在你有了一些具体的东西。团队将能够随时自主评估其在行动计划上的进展。是否已经确定了前 20 名客户？是否已经制作了墙上的图表？是否已经起草了拜访计划？是否已经拜访了客户并提交了报告？团队领导者的职责是确保自己帮助团队生成了一份列有具体、有形、定量、可实施的想法的清单，以朝着目标迈进。

这很简单吗？是的。它有效吗？是的。所有团队都有这样做吗？没有！那么，你的团队呢？

4. 获得自愿的承诺

就某件事进行简单的讨论，可能会提供相关信息，甚至过程会非常有趣，但它除了让渴望看到团队取得有意义成果的人感到沮丧外，并不会取得任何成效。**在讨论行动计划的团队会议结束时，每个成员都应该明确自己所承担的特定行动任务。**

有些团队领导者可能会随意将各种事项交给团队成员，让他们在下次会议时交付成果，但这并不是获得有意义的行动的最有效的方式。尽管在紧急情况下或对新加入团队的初级员工来说，这种做法可能是合理的，但它并不是团队运作的最佳实践。

作为会议主持人，你要在会议的最后十五分钟里确定哪些观点能够吸引到团队成员，让他们自愿投入一些自己的非计费时间。

你可以对团队成员说：

> "现在我们要花点时间回顾一下我们提出的所有想法。然后，我希望每个人都能表达一下自己的意见。在我们的清单上，是否有某个想法让你感到足够有动力，愿意在接下来的一个月里投入几个小时着手落实呢？请明白，这完全是自愿的。这不是你的义务，也不会有指责。

"如果你没有找到一个让你有兴趣去实施的想法，轮到你时你可以说'过'，不需要解释。但是，如果你找到了一个让自己感到有动力的想法，我想听听是哪个。"

在这一点上，你的角色应该：

1）确保所有想法不会与团队目标背道而驰。

2）积极与每个成员交流，了解他们在接下来的一个月里愿意为实施这个想法投入多少非计费时间。

3）确定推进这个想法实施的首要行动步骤。

4）要求成员具体说明他们将在下次会议上带来哪些成果，以展示工作的进展情况。

成功的关键不在于选择最好、最具战略意义的想法。这可以等到你的团队在举办有效的会议方面取得了一些经验和成果后再考虑。**你的目标应该是激发团队成员采取一些建设性行动，从而激发团队前进的动力。**

5. 控制每个人的任务规模

每项任务都必须是小而可行的。当人们沉浸于提出好想法的过程或者受到自己喜欢的想法（往往是他们自己提出的那个）的激励时，他们会立刻想要去"改变世界"。一位成员就这样怀着对未来的憧憬回到了办公室，但很快他会发现手边有大量紧急的客户问题需要解决，这会让他分心。

在下个月的会议上，他发现自己没有形成任何实质性的报告。然后，他和他的同事们进入了一个令人沮丧的循环：高谈阔论却无所作为，最终也得到了大家的原谅（因为真的都很忙）。而另一些员工会想"为什么我要做所有的工作？"或者"我们为什么要费劲做这个呢？"。

这种时候，重要的是适当控制对方的热情，你需要提醒对方还有常规创收工作要完成。你必须与团队成员一同确认，在规定时间内，他们实际能够达成哪些目标。

正如韬睿咨询的本杰明·哈斯所观察到的:

> 我觉得很多人都有过度承诺的问题。解决问题的方式之一就是坦诚地跟对方说:"不要承诺你无法做到的事。"因为在很多情况下,这正是我们未能取得成果的最大原因。

6. 制订行动计划

你必须确保每个任务都被详细定义("下一次会议,我们可以期待你取得怎样的成果?")并且完全能够完成。在会议结束之前,你需要帮助每个人清晰地理解他们应该达到怎样的标准以及取得怎样的成果。

你的团队能否收到研究进展报告、项目进度概要、成果总结或其他可以分发给团队成员的有形成品?你们需要概述具体的工作任务和预期成果。

这样做的基本理念是不让团队失望。**我们熟知的某家知名公司这样规定:"没有强制的任务,但是你说过你会做的事,你一定要做到!"**

7. 会议复盘与跟进

在一次成功的团队会议之后,人们对接下来的进展会有较高的期望。但是,如果下次会议没有任何进展,就可能会削弱整个团队的士气。这对忙碌的团队领导者来说是最头疼的问题。

然而,对真正的团队领导者来说,这也是他们能够发挥领导才能和影响力的时刻。为了做到这一点,你需要花时间走动,了解团队成员的项目和工作进展,并为他们提供所需的支持和指导。

要实现持续的行动,就需要与团队成员频繁互动。一个高效的团队领导者可能会说:

> "嘿,汤姆,我记得你在负责客户拜访计划的项目,我能帮

上忙吗？这周晚些时候我们能腾出半小时的时间吗？我们可以一起确定最重要的客户的名单和下次会议的拜访计划。"

丹尼尔·J. 芬森说：

首先要让人们清楚你对他们的期望。我会与我的合伙人开诚布公地交流，解释这个任务对公司意味着什么，以及任务的重要性。我会告诉他们，他们需要完成这个任务，并与我保持沟通，我需要了解任务的进展情况。

如果由于某种原因无法完成任务，他们必须尽快告诉我。我会告诉他们，我最不希望发生的就是让双方都感到尴尬。所以我们应该站在同一阵线上。如果遇到问题，他们可以来找我，告诉我问题所在，然后我们一起思考如何解决。

人们总是想要履行自己的承诺，但有时候会被一些事情耽搁，并把它们作为不能完成任务的借口。所以我会告诉他们，不要让这些事情阻碍你的行动。如果遇到问题，让我来解决。有人说，有些突发情况让他们别无选择。那就来找我。我会帮助他们解决问题，我也有能力解决。

但是总有些让人不安的情况发生：人们大费周章地制订好了行动计划，但是却不愿付出足够的努力去保证计划的实施。**对团队领导者来说，最有价值的时间利用方式是一对一地跟进团队成员，以助力他们的成功。**通过参与并帮助完成项目，你能够展示对团队成员的关心，为团队的士气和成果做出有意义的贡献。

8. 庆祝成功

最棒的团队总是会花时间来肯定个人或团队在达成目标之路上的重

要成就和进步。未来的行动很大程度上取决于当前行动的结果。在个人层面上，如果人们工作特别努力，并在一个项目上投入了很长时间，但最终没有得到任何关注，他们很快就会减少或放弃自己的努力。同样，在团队层面上，如果超出预期的表现没有得到认可和激励，这种胜利就变得无足轻重。

丹尼尔·J.芬森曾说：

> 我试着在公司里让好消息人尽皆知。每个月我都会和我的每个合伙人见面，这对我来说是一个要花费大量时间的安排。大家都知道他们什么时候要见我。我和他们谈论他们现在正在做的事，也试着告诉他们关于公司的积极动态。我会鼓励他们在和下属一起工作或共进午餐时多聊聊公司里的好消息。

> 如果有人做了一些值得称赞的事情，我们会发一封电子邮件给所有员工。这样每个人都会知道"有人做了一件了不起的事情"。我总是试图明确告诉大家，有人做得很好。我会请合伙人告诉我员工们做得好的事情，然后我会特意在走廊上与某个员工制造一些偶遇，然后对他说："嘿，你知道吗？拉里告诉我你在这件事上做得很好，我想让你知道我很感谢你这样做。"

> 就像金钱有时间价值一样，热情也有时间价值。你越早激发起那份热情，就能越早将其转化为真正的动力。人们喜欢成功者，也喜欢成为成功团队的一部分。早期的成果和早期的成功会激发早期的热情。

第十六章

给予赞赏

如何表扬别人？

员工为团队合作做出的贡献，可能并不像个人的成就那样引人注目，然而这些贡献却应当得到认可和重视。由于人们常常将注意力集中在自己的个人工作成果上，这些贡献常常被忽视。

人们在团队中的付出往往没有得到足够的重视。举个例子，在某投资银行，一位初级助理在打印间通宵工作了一整晚，为的是第二天早上能够及时交付一些材料。当她第二天回到办公室，碰到她的同事时，同事们没有因为她努力工作而给予她肯定和鼓励；相反，他们嘲笑她疲惫不堪、面容憔悴的样子。六个月后，这件事仍然是被大家调侃的话题，但从来没有一个人赞扬过她所做的贡献。

一位曾在某大型会计师事务所担任行政职务的员工坦承，办公室里的氛围很差，以至于行政职员会对那些他们认为是罪魁祸首的人进行小小的报复，例如有意不将关键客户发来的重要传真放在这些人的桌子上。

在工作中，很少有人能够得到对其个人的认可或赞赏，无论是资深员工还是初级员工。管理者们常常陷入一种误区，只关注需要解决的问题，而从未考虑推广成功的经验和做法。这导致每个人都变得过于谨慎，厌恶风险，因此没有动力去投入更多时间来尝试新的工作方式。

回想一下上次有人告诉你他非常钦佩你的专业知识，尊重你的决策，或对你处理某事的方式充满信心的情景。这样的认可在你的情感层面产生了怎样的影响呢？你的回答或许就证明了表达认可的重要性。

那么，是什么阻止了我们对他人认可的表达呢？有些人认为在职场环境中，表达赞赏可能会显得自己不够专业或者过于"感性"。人们通常会对亲密关系有所忌惮，怕与人过于亲近会影响到工作关系。表达赞赏会让很多人感到尴尬，无论是赞赏的给予方还是接受方。我们该怎么办？以下是几点建议。

1）确定值得赞赏的行为

2）选择适当的时机

3）采用适当的形式来表达赞赏

4）根据每个人的风格来确定赞赏方式

5）在团队内部制订"奖励计划"

6）为团队准备一份"成就报告"

1. 确定值得赞赏的行为

关注团队成员以下值得被赞赏的行为。

1）为客户提供了非凡的服务

2）支持其他团队成员的工作

3）学习了新的技能

4）深入研究影响特定行业或客户群体的最新发展态势

5）与他人及时、清晰地共享信息和知识

6）分析工作流程以简化它们、削减成本或消除重复劳动

7）主动解决问题

8）超额完成任务

2. 选择适当的时机

如果你非常欣赏某个团队成员处理某个具体活动或交易的方式，你可以直接表达出来，但是要注意控制表达的频率。过于频繁的表达可能使认可失去力量，显得不真诚甚至刻意为之。因此，请在你认为成熟的时机进行表达。

3. 采用适当的形式来表达赞赏

除了财务激励手段之外，还有哪些非财务激励手段可以用于表彰和庆祝团队成员在专业和人际方面取得的成就？请参考以下清单。

1）赞赏

2）感谢

3）给予一定的自主权

4）提升其参与感/认同感

5）给予他关注与支持

6）在公开场合进行表彰

7）帮助他扩大影响力（在职场内外）

8）帮助他扩展人际关系

9）让他接触更多信息（成为自己人）

10）帮助他获得更多资源

11）及时回应（为他提供与上级沟通的渠道）

12）提供工作支持

13）给予他职位或地位（正式的或者非正式的）

14）赋予他特殊的角色或提供特殊的工作项目

15）委派更多挑战性任务

16）赋予他使命感

以上是团队领导者可以采用的非财务激励手段。当然，上述做法也存在一定的风险。因为团队领导者不能被视为在搞办公室政治或者偏袒个别成员。然而，这份清单显示出领导者拥有多种给予奖励和表达认可的手段。那些真正优秀的团队领导者，已经学会了如何根据每个人的个性来灵活运用这些激励手段。

翰威特咨询公司前 CEO 彼得·弗里兹强调，**需要谨慎给予对个人的认可和奖励，防止过度强调个人表现而导致团队协作受阻。**他同时指出，个人奖励的存在可能会在团队中产生内部竞争，而不是合作。杰里米·西尔弗曼（Jeremy Silver man）现在是一家总部位于芝加哥的私募股权投资公司弗兰特纳可（Frontenac Company）的普通合伙人，他曾在著名的战略咨询公司——贝恩公司工作了 12 年。他回忆道：

> 贝恩的文化始终强调团队绩效而非个人绩效的重要性。公司的使命便是成为一个"非凡团队联盟"。我至今还记得在某次商务会议之后的团建活动中，几个团队在不同的运动项目中相互竞争。令人惊讶的是，最终的奖励却颁发给了输掉的一方。我始终完好地保留着那天获得的水晶镇纸，上面写着"最不卓越团队"。我认为这样的奖品表达了组织活动的资深合伙人的特别用意。他想表达的是，虽然你们并不擅长垒球或飞盘运动，但团队精神才是成功的关键。

我们承认，弗里兹的顾虑以及西尔弗曼举出的例子很具有参考意义。但是我们也相信，只要选择合适的方式，个人奖励也可以发挥重要作用。下面提供了一些从几乎无成本到低成本的方法，以及能将这种共识转化为行动的公司的例子。

- 走进成员的办公室，感谢他们的特殊贡献，也可以在成员的办公室门上留下一张感谢便笺。
- 给团队所有成员发送电子邮件，表扬某位成员为你的成就所做的贡献。
- 组织团队成员带过生日的成员吃午餐，或者准备一张让所有成员签字的贺卡，邮寄到过生日的成员家中。
- 给那些始终坚持不懈的团队成员赠送一份象征活力与能量的小礼物（如劲量兔玩具），以体现对他们的行动力和意志的认可；给那些在有限时间内高效完成紧急项目的成员赠送一件象征速度的小礼物（如走鹃玩偶），以表彰他们的出色表现。
- 与公司管理层协商，每年选出一个会议室（可以轮流替换），用过去一年中对团队做出最显著贡献的成员的名字命名。
- 给每位加入团队的新成员赠送一件特别定制的 T 恤衫，T 恤衫上印有新成员的姓名以及公司和团队的名称。
- 创建团队的每月简报，可以在其中设置一个"夸夸大家"的专栏，赞扬成员在人际交往和专业方面的行为，或者设置一个"大胆尝试"的专栏，鼓励那些进行了尝试但没能充分发挥创新潜力的成员。
- 允许成员从当地的艺术画廊租借一件他们喜欢的艺术品来装饰他们的办公室或工作区域。
- 鼓励并支持成员开展他们独创的"表彰他人"计划。
- 创建一面"名人墙"，展示成员所取得的突出成就的照片，不管是工作相关的还是生活相关的。
- 制作一份年度报告、一本年鉴或一部相册，收录每位团队成员的照片，以及他们在这一年中取得的最佳成绩。

- 准备一些公司附近餐厅的午餐优惠券，以奖励那些努力工作且表现超出预期的成员。

- 准备一个可以摆放在桌面的、用于许愿的日本"达摩不倒翁"摆件。在确定目标时，给不倒翁画上左边的眼睛，等完成了工作目标之后，再画上右边的眼睛。并且让每个人都在不倒翁上签名，然后将它作为团队的成就进行展示。

- 如果团队成员成功推荐了一位通过试用期并最终得到正式聘用的新员工，给予推荐者一天带薪假作为奖励。

- 在本地公共屏幕上投放广告，展示某位团队成员取得的专业成就、社会成就或者公益成就。

- 在停车场或者车库为整个团队举行惊喜派对。

- 指定某个日期，在这天谁如果说了负面意见就要捐出一美元，然后将收益捐给社会上的公益项目。

- 当有团队成员因为业务需要而长时间离家时，通过向他们的配偶赠送礼物来表达对他们所做奉献的感激之情。

英国专业机构咨询顾问菲尔·戈特（Phil Gott）曾指出，**且不论生日庆祝会、名人墙或年鉴这类活动在提供认可方面效果如何，仅仅在增强团队凝聚力方面，这些活动就大有裨益。**即使你不是为了表彰特定工作成绩，定期进行这些活动也是值得的。他讲了一个很棒的故事。

几年前，我的一家客户公司为自己设定了雄心勃勃的目标，但年底时未能如愿以偿。尽管如此，其领导层仍然希望表扬员工为此所做出的努力，于是他们决定举办一次所谓的"小满派对"。这个派对传达出了这样的信息："感谢你为此做出的一切贡献，尽管我们意识到我们还有进步的空间。"人们可以开怀畅饮，但每个杯子都只装了一半的酒。这样的活动在公司内部产生了深远的影响，成了至今仍在流传的故事。

4. 根据每个人的风格来确定赞赏方式

观察与你共事的人，思考如何激发每个人的积极性。

1）他喜欢你在大家面前公开表扬他，还是更喜欢你在私下的对话、电话留言或书面报告中单独肯定他的工作表现？

2）你的口头表扬足够吗？还是需要提供某种其他形式（非财务性质）的激励？

3）考虑到对方的兴趣、业余爱好和职业发展需求，你还有其他（非财务性质的）表达认可的方法吗？

你表达赞赏的方式可以很简单（并且不需要成本），例如在某人的办公桌上留下一封感谢信或者晚餐礼券。如果你已经为此做了功课，相信你能够找到让对方深受触动的表达方式。

5. 在团队内部制订"奖励计划"

可以在团队内部设立多个奖项，以表彰在不同领域取得卓越成就的个人，鼓励团队成员提名他们认为最值得获得认可的个人。

服务质量奖：提名那些始终及时高质量完成客户工作、努力追求卓越的个人。

业务发展奖：提名那些在团队合作中始终付出最大努力来推动业务发展的个人。

流程优化奖：提名那些为提高团队效率而提出最佳建议的个人。

行政支持奖：提名那些为团队提供了出色的行政支持的个人。

黄金法则奖：提名那些始终友善公正地对待同事的个人。他们明白一个团队的成功不仅仅取决于个人的努力，更需要整个团队的合作，因此他们愿意无私地提供支持和帮助。

最佳客户建议奖：提名那些能为客户节省成本、增加公司的经济利益的个人。他们擅长发现并避免可能导致尴尬或罚款的错误，通过简化流程、提高效率等方式来减轻工作负担，或者提高了客户人员的生产力。

年度教练奖：提名那些在工作中让团队成员发挥最佳状态、帮助他们充分开发潜能，或者提供了支持性环境，使他们能够勇于冒险并接受挑战的个人。

6. 为团队准备一份"成就报告"

将过去一段时间内整个团队发生的所有积极变化和改进汇编成一份报告。这份报告可以包括关键指标汇总、先进事迹、改进图表对比、经验教训、具体成果和客户反馈等。这样的报告将成为团队成员获取能量、自豪感和惊喜的重要来源。

业绩评定取决于完成的事情，而非要去做的事情。很多改进措施最终失去方向的主要原因之一，就是没有花时间对其进行评估与回顾。当缺乏积极反馈时，个人的学习能力、工作热情以及团队士气会逐渐下降。

| 第十七章 |

解决人际冲突

当团队成员产生分歧时，你会怎么做？

当一个人感到被冒犯时，往往会经历以下情绪转变过程：团队中其他成员的不当言行激起了被冒犯者强烈的负面情绪，这些情绪包括愤怒、沮丧、烦恼、尴尬、羞耻感或失望。被冒犯者会一直感到愤怒，这种情绪可能会持续一天甚至更久。他会一遍又一遍地回想之前发生的事情。甚至他可能会向其他团队成员抱怨。最终，他的情绪逐渐平复下来，最初的怨恨开始消退。然而，被冒犯者不会与冒犯者谈论所发生的事情。被冒犯的感觉会减弱，但它不会完全消失。

团队成员之间的冲突可能有以下几种形式。

1）两名成员之间长期而持续不断的争吵。

2）语言攻击或发表伤人的"羞辱性"言论，贬低对方的个人价值、观点或创意。

3）公开批评和指责同事的工作、表现、态度，或者对方所做的一切事情。

4）几个团队成员之间保持冷战状态，只保留了必要的交流，说话时互相忽视，或冷嘲热讽，或沉默以待。

当两个（或更多）人存在冲突时，如果根本问题没有得到及时解决的话，最初的愤怒很快就会演变成更强烈的怨恨。作为团队领导者，如果你不及时介入去帮助你的成员解决问题，这些消极情绪可能会进一步激化，成为郁积在心里的毒素，直至当事人找到宣泄的突破口。这不仅会对冲突双方造成损害，还会影响其他团队成员和团队的整体氛围。

当一个团队由一群充满激情但性格各异的人组成时，冲突在所难免。一些良性冲突实际上有助于产生更好的想法和更具创新性的解决方案，进而培育出团队精神。

然而，长期回避问题往往会导致不健康不和谐的关系和行为。**在重要的人际关系中，我们常常倾向于回避冲突。虽然知道在消极的人际冲突刚出现时就应该着手解决，但我们却很少这样做。**即使心知肚明这种不作为会使明天的情况变得更糟，我们仍选择逃避——"今天已经够难了，改日再说吧"。

与同事就敏感话题进行对质的场景不会令人感到愉快。我们担心这种讨论可能会引发更严重的问题。我们担心对方的反应（"我可能会疏远某个人，他以后可能会让我的生活更加痛苦"）。我们可能认为即使进行了沟通，也很难获得有意义的结果。因此，我们会对自己说："没必要大费周折。"

应对团队中消极的人际冲突最有效的方式，是有团队领导者参与的协商。协商过程中，团队领导者听取双方各自的观点，发掘双方的共同利益，找到可能达成一致意见的领域，并在这些共同点上展开深入讨论。以达成共识为基础，每个人都可以更好地理解对方的观点。正如《谈判力》（*Getting to Yes*）的作者罗杰·费希尔（Roger Fisher）和威廉·尤里（William Ury）所建议的那样：为了解决争端，你应该帮助人们认识到维护长远利益的重要性，而不是仅仅站在短期立场上讨价还价。当争议双方太过专注于眼前矛盾时，他们可能会忽视彼此之间的共同之处。协调人最有价值的地方，就是提醒双方超越眼前的分歧，从长远视角出发找到双方都能接受的解决方案。

团队领导者可以帮助成员解决冲突的步骤如下。

1）描述你观察到的冲突和不利于解决冲突的行为。

2）请双方谈谈争议产生的原因。

3）请每个人轮流复述对方所说的观点。

4）请每个人依次指出他们在某些问题上的共识和分歧点。

5）邀请双方就如何改进给出建议。

1. 描述你观察到的冲突和不利于解决冲突的行为

"在我看来，你们两人似乎都没有认真倾听对方的观点，每个人都执着于自己的想法，这导致了明显的分歧。"

不同人在需求、目标和价值观上的差异，以及人们对有限资源的竞争，都可能会引发冲突。作为一个希望解决人际冲突问题的团队领导者，你需要积极主动地揭示这些分歧，并引导参与者分析彼此不同的观点。通过公开讨论并以客观中立的方式陈述，你可以将冲突转化为他们共同面对的问题，从而促使团队共同合作，寻找解决方案。如果不这样做，团队将很难找到解决方案。

你需要让双方花时间客观地审视他们之间的互动方式。这是取得进展的第一步。你所关注的重点应该是人际交往的过程，而不仅仅是争议的具体内容。你需要明确双方的哪些行为阻碍了他们之间有效的互动与合作。

2. 请双方谈谈争议产生的原因

"能不能先花几分钟时间，请你们说说彼此发生了什么事情？你们认为问题出在哪里？韦恩做了什么导致了这个问题的发生？而玛丽又做了些什么导致了这个问题的发生？"

为了解决人际纠纷，团队领导者必须认真倾听，从双方的对话中挖掘出深层次的情感原因。

不要试图迅速解决问题，而是请每位参与者冷静地分享他们认为导致冲突的原因。冲突常常并不仅仅源于某个单一原因，而是多种因素综合作用的结果。

《职场分歧管理手册》（*Managing Workplace Conflict*）的作者琼·勒贝登（Jean Lebedun）告诉我们，职场上的冲突可以分为以下四个基本类型。

1）关于事实和数据的冲突。这种冲突可能是因一方对于事实或数据的理解存在偏差，或者是因信息传递不当而产生了误解。这通常是最容易解决的冲突类型。

2）关于过程或方法的冲突。即使团队成员有共同的目标，也可能在实现这些目标的方法上意见不一，这种情况通常可以通过相互妥协、寻找折中方案加以解决。

3）关于目标的冲突。团队成员可能有不同的目标或诉求，有时候可以将这些不同的目标进行融合，以达成共识。

4）关于价值观的冲突。团队成员可能在基本信念或原则上存在差异。这种冲突是最难解决的，有时人们必须实现"求同存异"。

有时候一个人可能会试图把责任归咎于另一个人，而不是客观地陈述自己的观点。这对于他们宣泄情绪、抒发内心的愤懑是有一定好处的。然而，如果出现这种情况，我们应该冷静地要求他们理性陈述，具体是"什么事情"而不是"谁"阻碍了事情的发展。你需要帮助双方意识到，对于当前冲突的局面，他们都负有一定的责任。

3. 请每个人轮流复述对方所说的观点

"韦恩，为了确保我们明白彼此的意思，你能不能简单地告诉我们，玛丽刚才说目前困扰她的核心问题是什么？"

现在，请每个人轮流复述。通过让每个人用自己的话复述对方的主要观点，鼓励大家倾听并理解彼此的立场与想法。

接下来，请每个人对他人复述的内容进行确认、补充或者纠正。如果你不确定其中一个人在说什么，可以要求他进一步解释。

在整个讨论的过程中，请保持中立的立场。如果你批评了某一方的观点，你会显得偏袒另一方。再次强调，不要试图解决冲突。你的角色定位只是收集信息。

4. 请每个人依次指出他们在某些问题上的共识和分歧点

"可以说说你们在哪些方面明显拥有共识吗？从你们的表达中可以看出，你们似乎都希望可以合作解决问题。现在，在这个前提下，我们一起来深入探讨你们在哪些方面存在分歧。"

此时，双方已经冷静、明确地表达了他们的观点，并且可能已经惊讶地发现他们实际上在很多方面能够达成一致。那么就请他们各自先确定彼此观点一致的地方，再找出存在分歧的领域。

如果任何一方不断强调仍存在分歧，那么你可以通过提问的方式来帮助他们看到彼此的共识，但**不要掩盖矛盾的存在。作为协调人，你的目标是通过澄清不同的观点来为未来的合作奠定基础。要想成功地化解冲突，作为团队领导者，你必须保持中立，不进行评判。**

当对立的双方都能意识到他们能够从冲突的解决中获益时，他们才能更有动力去寻求和平的解决方案。在这种情况下，你的任务就是强调他们共同的最大利益，以及在哪些方面他们需要彼此合作来实现无法独自达成的目标。

5. 邀请双方就如何改进给出建议

"你们接下来打算如何推进工作呢？为了实现你们想要共同完成的目标，你们能否各自稍微做些让步，以缓和当前的紧张局面？"

在解决分歧时，采取合作而非对抗的方式，能够达到最佳效果，带来最大的收益，引起最小的不快。要做到这一点，双方都需要承认问题，并认识到问题的解决与他们有直接的利益关系。

在刚刚讨论出的共识和分歧的基础上，你可以要求双方提出解决问题的具体行动方案。你的任务是让双方就行动方案的实施步骤达成一致。当涉及双方之间一些小的妥协或条件交换时，这种做法通常是最有效的。

你要确保建议的可行性。当一方提出建议时，可以采用提问的方式来帮助他更好地整理出行动思路，把那些切实可行的建议提炼出来，明确开始行动的几个简单步骤。有时，唯一可行的建议可能是让局势暂时缓和，并确定一个日期，择机进行下一次会议。

你们所达成的任何协议和行动方案都应该以书面形式记录下来，避免进一步出现问题，并减少产生误解的机会。

在这个过程中，最关键的是要尽早直面那些具有破坏性的分歧。消极对抗持续的时间越长，解决起来就越困难；一旦冲突升级为公开的对立，其他成员会被迫选边站队，最终导致整个团队陷入被动局面。

| 第十八章 |

应对危机

如何应对突发事件？

当一场突如其来、天昏地暗、令人措手不及的危机发生时，你能否做好充分准备？这几乎是不可能的。毕竟，如果你已经准备好了，危机就称不上危机了，对吧？人的一生中，总会有危机来临的时刻。

对团队来说，可能遇到以下危机事件。

1）核心成员离职

2）成员犯了严重错误

3）客户流失

4）被迫裁员

5）重要成员去世

应对危机的关键原则

危机管理是一门科学，也是一门艺术。下面是我们建议采取的一些步骤。

1）冷静了解事实真相。

2）识别核心问题。

3）决定由谁来处理危机。

4）让所有团队成员参与解决危机。

5）记住，在危机中，一切（情绪、结果等）都会被放大。

1. 冷静了解事实真相

任何危机中都要应对的挑战是防止糟糕的情况继续恶化。 你最大的困扰是判断所掌握的信息是否准确，因为你并不知道自己是否掌握得足够多。要么是有限的信息被掩埋在过多的揣测和谣言中，要么是过量的信息让人无法辨别哪些是实际相关的内容。

当团队成员开始担心和忧虑时，我们很可能受到情绪的影响，做出过度的反应。然而，保持冷静，理性分析事实，才是解决危机的最佳途径。

2. 识别核心问题

在一场危机中，首要任务是找到真正的问题。当团队失去某个重要客户时，显而易见的问题是收入将大幅减少，也许还会打击团队士气。然而，这可能只是表面现象，并不是最核心的问题。

实际上，危机所带来的严重后果，可能更多地体现在以下几个方面。

1）重要的资深员工可能会离开团队，加入竞争对手。

2）其他客户得知该公司有客户离开，可能会影响对公司的信心和继续合作的意愿。

3）客户的流失，也许意味着产品或服务质量存在更深层次的问题。

4）团队中依赖该流失的客户的初级员工，可能不得不离职。

如果我们没有花时间来看清问题的实质，那么我们所采取的措施，可能只是盲目地处理表面现象，而没有解决真正的危机。

3. 决定由谁来处理危机

有时候，你可能不是最适合处理危机的人。想象一下这样的情况：当你的团队得知，一位重要客户决定将全部或大部分项目转移到竞争对手那里时，派一位公司内部营销专家（或公司高管）去拜访客户，也许更有可能找出客户流失的真正原因（并找到安抚客户的办法）。但倘若你的一位资深员工被指控做出了近乎性骚扰的行为，这时一位经验丰富的外部公关专家能够更好地评估和应对类似问题。

你最重要的工作可能是决定将处理特定危机的决策权交给谁。但这并不意味着你可以完全放弃你的领导责任，你仍然需要时刻关注事态的发展。

4. 让所有团队成员参与解决危机

有时候，只需要几位关键专业人士的介入，危机就能很快得到解决。而在其他情况下，解决危机可能需要更多人的共同努力，有时可能需要整个团队加班到很晚，甚至整个周末都在工作。**危机是激发团队成员潜在才能的机会。要想方设法让每个人都感觉自己在解决危机中发挥了作用。**

5. 记住，在危机中，一切（情绪、结果等）都会被放大

无论面对的是什么样的损失或者危机，团队领导者都需要了解团队中其他人如何看待这种情况。通常，真正引发危机的不是突发事件本身，而是团队成员的看法及其随后的行动。

正如丹尼尔·J.芬森所说：

> 我并不是说从来不敢让人看到我的紧张与焦虑，但如果我对某件事情非常担心，并且表现得忧心忡忡，办公室外面的走廊

可能会一片骚乱——"哦，天哪，连他都如此焦虑，那情况一定是非常糟糕了。"在一定程度上，我必须保持冷静和稳定的状态，让团队发挥出最佳水平。

危机沟通的几项原则

如果沟通不当，任何危机都有可能损害你在团队中享有的权威和忠诚。相反，如果沟通得当，危机反而可以提升团队的热情。以下是与团队沟通时一些行之有效的基本准则。

1）让团队的每个成员都充分了解情况

2）让团队成员参与关键决策

3）与团队成员随时保持沟通

4）别失去幽默感

（1）让团队的每个成员都充分了解情况

没人愿意把负面情况公之于众。但在危急时刻，几乎没有什么秘密可言。试图向其他团队成员隐瞒任何细节的尝试都是徒劳的。如果这确实是一次影响到你的团队、大家的职业生涯或客户关系的危机，那么不论你做什么，消息最终都会走漏出去。而且坊间流传的故事版本往往充斥着错误的信息，可能比你原本想要传达的事实更具破坏力。

（2）让团队成员参与关键决策

当你管理的是一个员工分布在各地的大型专业团队时，显然你无法通过常规的现场大会来取得一致意见。但你仍然需要尽你所能地让团队成员参与进来。记住，在这个过程中人们参与的程度越深，他们对最终决策就会负有越多责任感，也会越积极地推动决策的实施。

（3）与团队成员随时保持沟通

危机可能会使人们陷入深不见底的情绪黑洞。许多人会为此感到焦虑、易怒、沮丧甚至愤怒。如果团队成员认为你太忙而无暇顾及他们，他们就很可能会感到孤立无援，士气低落。

因此，你需要给团队成员一些时间，让他们畅所欲言，表达他们的焦虑和感受，寻求你的建议，或者分享他们的观点。这样能确保他们感受到你对他们的最大利益给予了高度关注。

大多数真正的危机都有一个重要且核心的沟通挑战，无论是对内还是对外。然而，这并不意味着危机管理只是一个沟通问题。通常情况下，擅长沟通的专业人士会成为危机管理的负责人，因为其他人不愿意承担这个责任。但实际上，沟通只是真正的危机管理的一个方面。

（4）别失去幽默感

虽然这是一个老套的说法，但笑真的是最好的解药，尤其是当你需要缓解自己或者他人的压力时。克利夫·法拉赫告诉我们，他为他的核心团队成员购买了消防员头盔，并在一次危机处理会议上分发给大家，告诉他们要把头盔挂在办公室的墙上。当他需要召集大家一起解决问题时，他给他们打电话说："最好戴上你的头盔过来。"

应对不同类型危机的建议

让我们仔细研究一下在本章开头列出的常见危机，以便确定你下一步可能要采取的行动。

1. 核心成员离职

根据你刚刚收到的消息，你团队中的一位关键人物要离开。更糟糕的是，他要加入竞争对手。你最自然的反应可能是极度失望、愤怒，甚至感到被背叛。但你还必须考虑其他人。这将会如何影响团队的士气？其他人是否也有可能离开？这个人的离开会为团队带来多大的损失？

你很可能会不由得猜测这个人为什么选择离开，他的动机是什么，未来有什么打算，以及他离开时是否对公司仍怀着善意。你也可能会十分愤怒，用语言或者行为向团队表明你早就知道他在这里待不了多久，因此乐得看到他走人。

无论你的感受是否合理，这样的评价都会导致团队中的其他人开始质疑自己的价值，并且会联想如果有天他们决定离开，将会遭到何种评价。

与以上这些可能的反应相比，你首先要做的应该是与要离开的人坐下来谈一谈。也许他的决定并非不可改变，也许他并不是真正想离开，而是希望团队和公司能够重视他的贡献。他可能对某些误解或沟通不畅感到不满，而这些问题是可以解决的。也有可能他离开是因为其他公司给他提供了更具诱惑的薪资待遇。总之，你需要亲自了解他离开的动机。

试图安抚一个觉得自己不受重视的成员存在一个难以回避的风险。这个人可能会意识到，你急于留住他，他可能会利用这一点对未来的决策施加影响，以谋取个人利益最大化。因此，你要保持冷静，不要过度反应或做出过多的承诺。但可以肯定的一点是，在他离职的消息公之于众之前，在你不得不与团队成员一起面对现实之前，与他面对面地进行对话是有好处的，至少这样做可以避免你处于十分被动的位置。

在交谈的过程中，问问他想要离职的真实原因。弄清楚你们双方应该采取什么行动，以最体面而友好的方式告别。与对方讨论应如何进行内外部沟通，尽量减少对团队的干扰。合作起草一份备忘录，向团队所有成员解释发生了什么，并祝愿对方新的事业一切顺利。同时，你们双方要及时联合通知客户。

宣布团队中有并肩作战的伙伴将要离开绝非易事，所以你要尽可能地保持积极的态度，告诉团队成员他们选择离开的原因。宣布这个坏消息后，你可以通过为团队设定一个新的（并且你很有把握成功的）目标或挑战来帮助团队成员摆脱消极情绪，把精力重新集中到工作中来。消除疑虑，重塑信任。你要清晰地传达团队前进的方向，以尽可能减少未来的不确定性。

2. 成员犯了严重错误

如果你发现团队中有以下情况：有两位成员婚内出轨，一位成员因为专业上的过失面临起诉，一位成员在公司里对异性同事做出了不当行为。而你刚刚拿到了证明上述情况的证据。面对这些，你应该如何应对？需要采取哪些行动？

在很多情况下，你最好的回应方式是什么都不做！你必须区分清楚，什么是不道德的行为，什么是团队危机。只有干扰了其他成员或者影响了客户工作的事情，才会被视为团队危机。

如果是你被发现犯了错，你应表现出悔改之意，不要试图隐瞒或掩饰。如果能够真诚地承认错误并表达出悔改之心，大多数人都愿意忘记和原谅。人们更关注领导者在危机中和危机过后的反应和处理方式，而不仅仅是负面行为本身。尼克松最大的失误不是水门事件本身，而是在事情发生后，他试图掩盖真相的行为。公众可以原谅政治家的不忠，但绝对不能原谅彻头彻尾的欺骗。

事实上，人们能够原谅犯错的人，哪怕是相当严重的错误。前提是，他们对自己所犯的错误真诚致歉，并表示从中吸取教训，不会再犯同样的错误，同时能够深刻认识到自己的行为给团队和公司带来的负面影响。

但是，如果涉及的行为是违法的，或者违背了你所从事行业的道德准则，那么你面临的情况将更加严重。此时，通常会有相关监管机构为你提供明确的行动指引，你应该遵循这些指引来处理情况。在这种情况下，决断力至关重要。你需要快速做出艰难的决定。问题不会随着时间的推移而得到改善，迅速反应是关键。因为危机从不等人。

3. 客户流失

在向团队解释客户流失时，应尽量多讲一点，虽然很多时候，我们可能永远都不会知道客户流失的真正原因，因而无法与团队分享全部的信息。在这种情况下，最好能首先明确表示你并不清楚全部情况，然后立即分享你所知道的事实。

底线在于要讲实情，并且要尽快说出来。你在团队中建立的信任正在经受考验。**当你迫切需要团队成员相信你时，他们是否会相信你，取决于在危机发生之前你与他们之间是否建立起信任关系。**如果在危机发生之后，你试图隐瞒或者不公开所有事实，那么对信任关系造成的损害是不可挽回的。

1）直面客户流失的现实，而不是否认它。

2）主动出击，而不是听天由命。

3）与团队进行研讨，分析暴露出的问题或弱点，不要互相指责，而是要思考问题的根源并寻找答案。

4）关注仍在合作的其他客户，并决心更好地为他们服务。

5）记住那句古老的军队格言："没有糟糕的士兵，只有糟糕的将军。"你的团队成员需要知道，你始终与他们同在，而且你在与团队外的其他人交谈时，不会将责任归咎于团队成员。

4. 被迫裁员

大家都知道，经济状况不佳可能迫使公司裁员。也许一些资深员工的工作表现不符合预期，也许一些岗位已经变得多余。

当危机来临时，要尽早让团队中的每个人都了解情况。人们总是通过办公室里的传闻知道这些事情，而且一旦他们知道，他们丰富的想象力往往夸大了事实。

以下是应对裁员问题时应该注意的地方。

1）不要让你的团队猜测或推测，而是要实事求是地将可靠的信息传递给他们。

2）不要保持沉默，这样做并不能真正保护团队成员。

3）在裁员后，与剩下的团队成员集体交谈。告诉他们你对发生的事情感到遗憾，并帮助他们正视公司目前的现实。

4）要认识到团队中的很多人可能感受到了威胁，他们担心下一个打击会落到自己头上。要让剩下的团队成员知道自身的价值，并强调每个人在帮助团队度过经济风暴中所做出的重要贡献。

5）不要自怨自艾，振作起来，继续前行。

6）寻求专业人士的帮助。你不必独自面对这些困难。

7）在危机过去时，你应该及时表达对团队成员的肯定和赞扬，感谢他们共渡难关。

5. 重要成员去世

最糟糕的事情刚刚发生了。你们团队中的一位备受尊敬的成员，一位你们视若家人的亲密伙伴去世了。这件事也让你们意识到，团队关系比你们想象的更加紧密，更加充满人情味。团队成员能深刻地感受到这种失去。这样的情况总是让人不得不反思生命的脆弱。

作为安慰者，你可以为那些正身处悲痛中的人提供非常重要的支持和帮助，无论他们是团队成员还是去世成员的家属。作为团队领导者，你的鼓励可以帮助他们更快地走出悲痛的阴影。不过，你需要注意应该做和不应该做的事情。

应该做的事情

1）当你听到有人去世的消息时，召集整个团队，立即将消息告知所有人。

2）面对离别，一些同事可能会感到非常悲痛，应提前安排一位专业的心理咨询顾问。

3）取消所有已安排的会议。不要让团队中的任何人认为你把工作置于生命之上。

4）给予团队成员参加葬礼的时间。

5）代表团队送花，表达集体的哀悼，这与个别成员单独送花的行动无关。

6）给予个别团队成员足够的时间来恢复状态，平复自己的情绪。

7）让团队成员感到可以自由地谈论自己的悲伤和空虚。可以自然地提到逝者，要有同理心，不要让它成为一个禁忌话题。

8）给去世成员的配偶或其他家庭成员打电话或寄送慰问卡，表达关心和慰问。特别是在周年忌日这种特殊日子，这可以让他们在艰难的时候感受到关心。

9）真心实意地告诉去世成员的配偶或其他家庭成员，随时可以打电话或登门找你。

不应该做的事情

1）不要以为自己无所不知或拥有所有答案，也不要提供一些教科书上的正式和死板的建议。

2）不要急于让悲伤的人停止倾诉，而要去倾听他们。

3）不要利用别人的悲伤来抒发自己的悲伤，避免过度谈论自己的经历或感受，以免喧宾夺主。

4）不要使用陈词滥调，比如"我知道你现在的感受"。

5）不要将他人的悲伤进行比较。没有两种经历是相同的。

6）不要打扰对方，尊重他们的意愿。

7）不要强行介入或干涉他们的生活，要给予他们空间和隐私让他们做自己。

8）不要泄露秘密。

9）不要期待逝者生前最亲密的团队成员能够很快恢复，要考虑到他们会有情绪上的波动。

总结

没有人愿意卷入一场危机。解决危机可能需要耗费大量资金，同时还需要投入大量时间进行补救。此外，危机会分散你的注意力，使你无法专注于客户工作。更严重的是，一场重大危机可能削弱整个团队的士气。

然而，危机也可能会令人振奋。应对危机需要付出超出常态的更高层次的努力和特别的专注。它能帮助团队成员建立更加紧密的关系。**危机可能会引发情绪上的波动，但如果处理得当，团队成员会更加团结，并激发出更高的工作积极性和专注度。**美国波特·诺韦利公司（Porter Novelli）的公共关系业务主管合伙人海伦·奥斯特洛夫斯基（Helen Ostrowski）与我们分享了一个故事：

跟行业内其他公司一样，我们也不得不面临裁员的问题。我们非常谨慎地考虑了整个流程中的每处细节，反复考虑应该跟谁说，谁去说，决定哪些人必须离开，哪些人可以留下。我们找了再就业指导公司来培训公司高管，教他们如何传达相关的消息，我自己也为此列出了关键要点，仔细斟酌每个用词。这是紧张的一天，但一切都按照计划进行。最后我们周全的考虑和对彼此的尊重也收到了积极的反馈意见。

但是，当一天的谈判工作结束后，管理团队聚在一起讨论工作情况时，在那一刻，我突然情绪失控，在整个团队面前倾吐了自己的情绪，完全违反了我自己设定的规则。令我惊讶的是，这件事并没有破坏我的声誉，第二天几乎每个人都给我发来邮件，感谢我在这个过程中的指导，并询问我是否需要帮助。这真的让我们之间的联系更紧密了。回过头来看，在处理危机时，保持冷静、沉着应对是非常重要的，但令人惊讶的是，在事情结束后允许自己（和其他人）宣泄一下情绪可能确实是一件好事。

第四部分

构建未来

FIRST AMONG EQUALS

● 第十九章　培养新生力量
　　如何培养初级员工?

● 第二十章　接纳新成员
　　如何确保新成员的成功?

● 第二十一章　控制团队规模
　　如何有效解决团队规模问题?

● 第二十二章　评估团队绩效
　　如何评估团队的成果?

● 第二十三章　团队领导者的价值
　　为什么要做这些事?

培养新生力量

如何培养初级员工？

在规模较小的团队中，团队领导者常常有机会在项目上或是在平时的工作中，与组内所有成员（包括初级员工和资深员工）打交道。然而，随着团队规模扩大，团队领导者会将大部分时间花在资深员工身上，而资深员工则要肩负起鼓励、激励、监督和培养初级员工的责任。团队领导者的任务是确保资深员工做到这一点。

初级员工，顾名思义，是指那些处于职业生涯早期阶段的员工。在这个阶段，他们最需要的是有机会拓展和锻炼自己的技能。如果没有这样的机会，他们的职业生涯（乃至生计）都将面临风险。 他们的技能能否得到锻炼取决于两个关键机制：一是决定初级员工将参与哪些项目（以及在项目中负责哪些任务）的工作分配机制；二是针对初级员工的任务执行过程的工作监督机制。

虽然专业机构的领导者有责任确保这两个机制顺利运行，但是机构与机构之间在这些机制的规范程度和团队领导者所扮演角色的规范程度方面存在显著差异。

工作分配机制

在某些专业机构中，资深员工可以从员工清单中任意挑选初级员工进入他们负责的项目。而在另一些机构中，初级员工则会被分配给某位固定的资深员工以协助其工作，成为他们正式或非正式的"下属"。

在我们看来，一种更好的模式是让所有资深员工定期聚在一起，共同商讨并决定将初级员工分配到哪些不同的工作项目中。这样做有助于整个团队共同承担责任，推动项目的成功。在分配工作任务时，要全面考虑各种因素：工作量、为关键客户分配优质资源、提供能锻炼新人的工作机会、提高工作效率以及保持高昂的积极性和士气，以在这些因素间达到平衡。

即使团队领导者不必正式介入具体的任务分配工作，他们仍需要扮演一个重要的非正式角色，以监督初级员工的工作分配模式。通过关注初级员工的工作分配情况，团队领导者可以给予资深员工一些指导和建议，例如：

"我注意到，你已经第六次选择了吉米参与类似的业务。我可以理解，吉米在处理这类工作方面游刃有余，能够节省时间和提高效率。但是，我也知道吉米渴望学习一些新的东西，所以下次若是还有类似业务，可否考虑让玛丽试一试呢？

"我知道玛丽很想与你合作，并且会非常投入，因为她渴望学习新的知识，也渴望在工作中表现出色。如果你同意这样安排，你将会对团队做出很大的贡献，因为这样可以减少吉米和玛丽为了追求工作机会而辞职的风险。你愿意在这件事上帮助我吗？"

在工作分配上，如果团队领导者能表现出从容、优雅的风度，他们将对工作分配模式产生重要影响，进而激发员工的内在动力，提高员工的士气，降低员工的流失率，提高团队的稳定性。

工作监督机制

做好工作监督对团队领导者来说是个更具挑战性的话题，因为许多团队对于工作监督的标准缺乏共识。在许多公司中，工作监督由各个资深员工自主完成，项目负责人可以按照他们自己的喜好和风格自由管理。

我们相信，**高质量的工作监督十分关键，值得特别关注**。《言行一致》一书中提到了一项全球统计研究，该研究结果表明，工作监督是财务成功的首要决定因素。

正如我们一直强调的，与其试图将标准强加于资深员工，倒不如让他们参与标准的制定过程。团队领导者可以询问资深员工，他们认为自己应该对哪些工作监督标准负责。注意，我们不建议制定一个允许资深员工说"我试试"的工作监督标准，因为同意"试试"留有太多空子（比如"我可没同意一定会去监督他，我只同意试一试，但是我最近实在太忙了，抱歉！"）。

下面是我们提出的一些工作监督标准。我们认为，刚刚参加工作的初级员工有权对工作持有以下期望。

1）当任务分配给他们时，他们能够充分了解对他们的预期是什么。

2）他们能够了解自己所承担的具体任务如何与整体项目目标相匹配。

3）当他们需要答疑解惑时，会有人提供帮助。

4）他们能够及时获得反馈，无论是正面的还是负面的。

5）当他们因为做了什么或未能做些什么而被纠正时，他们能够得到有建设性的改进建议。

6）他们能够接受良好的指导，以提升自己的表现。

7）他们会收到完成工作所需要了解的信息。

8）他们就如何完成自己的工作有自由决策的权利。

9）主动提出新的想法和改进建议是被鼓励的。

10）团队会议以建立信任和相互尊重的方式进行。

11）在每项工作任务中都制定并落实了高质量的工作标准。

12）他们感觉自己是良好运作的团队中的一员。

13）工作能够充分发挥他们自身的知识和能力。

14）工作项目能够帮助他们学习和成长。

15）工作具有趣味性和挑战性。

如果你发现让资深员工接受上述标准有困难，请让他们回想一下自己刚开始工作时的情景，问问他们当时希望被如何对待。（不是问他们当时的真实情况，而是他们希望当时能够被怎样对待！）

可能在讨论结束时，团队会得出一份不同的标准清单（也许会短一些），但这没有关系。这个过程的目的在于提高成员对工作监督标准的敏感性和认识，使他们意识到在工作监督中必须遵循和执行一些行为标准。

在一起讨论后，团队领导者应采用正式或非正式的方式监督资深员工在这方面的表现。正式的监督方式可以是要求所有员工填写一份问卷，评价他们在每个项目上的工作体验。这些问卷的结果将会与专业机构的领导者分享。

霍奇森·拉斯律师事务所的卡尔·克里斯托夫表示：

> 我们的年轻的专业人士对能为他们创建反馈机制的组织结构和领导风格的渴望是非常强烈的。我们通过匿名问卷和其他不具威胁性的调查工具，在会议之前收集年轻成员的意见，有时，甚至我的一些持怀疑态度的合伙人也会在会议期间对此感到惊喜。初级员工（年轻的专业人士）都想加入一个关注员工培训和发展的团队。

然而，如果团队领导者愿意在走廊里溜达溜达，在茶水间里稍作停留，或者站在饮水机旁跟同事聊聊天，那么他就能够以更灵活的形式获取到尽可能多的信息，可能就不需要用这种正式问卷的形式去评估了。**通常，一个积极主动的团队领导者很容易发现哪些资深员工做得好，哪些做得不尽如人意。关键在于团队领导者是否愿意根据这些信息采取行动。**例如，一个团队领导者可以来到一位资深员工的办公室，关上门，然后说：

> "理查德，这是我们之间的谈话，但我想告诉你一些我所知道的事情。我和咱们的初级员工聊过，根据反馈的结果，坦率地说，你不是他们最喜欢的合作对象。他们认为你对他们要做的事情没有给予足够的指导，也没有提供很多反馈。
>
> "我不知道这是否属实，但我们最优秀的初级员工可能不会选择做你的项目。我们不希望这种情况出现。因为你有很多可以教授给他们的专业知识，而你的客户也应该得到最好的服务。你能告诉我你的想法吗？有没有什么地方是我可以帮你的？"

虽然这种方法并不总是奏效，但如果团队领导者持续地进行此类对话和提醒，人们最终会理解在团队中有些标准是他们必须遵循的。团队领导者不需要扮演一个恶霸或者警察，但可以充当规则的捍卫者，不断提醒团队成员遵循共同设定的标准。

"在团队实践方面，要坚持向合伙人强调正确的价值观对于团队的意义，我们每一位合伙人都需要履行工作监督的义务，"贝文·阿什福德律师事务所的尼克·贾勒特－克尔说，"这是合伙人工作的一部分"。

导师

众所周知，最好能够为每位团队成员分配一位导师。在这样的制度中，团队领导者会是资深员工的导师，而每位资深员工也必须成为至少一名（或许是几名）初级员工的导师。导师不是被指导者的利益拥护者，而是要成为一位倾听者和支持者，为成员提供职业发展上的建议，并在他们遇到困难时提供帮助。

巴约·奥贡勒斯（Bayo Ogunlesi）是瑞士信贷第一波士顿银行投资银行部能源和电力团队的负责人，也是最受敬重和仰慕的团队领导者之一。该团队的首席运营官艾琳·厄本（Eileen Urban）与我们分享了奥贡勒斯的故事：

> 奥贡勒斯在公司内部建立了导师制度，将（资深的）总经理与不在其听取汇报范围内的（资历较浅的）副总经理配对。导师需要与他的被指导者建立起彼此信任且能够充分沟通的关系。奥贡勒斯制定了一项特殊的规则，如果被指导者辞职而导师事先没有得到通知，导师将会被罚款，这意味着导师要从自己的腰包里掏出真金白银。因为问题不在于辞职本身，而在于缺乏沟通。如果导师无法通过沟通来准确理解并帮助解决被指导者所面临的问题，那么导师就没有发挥预期的作用。
>
> 这个制度取得了巨大的成功。导师制度已经成为我们团队区别于其他团队的特点，甚至一些一开始对此持怀疑态度的人也变成了杰出的导师。我们相信每个人都有指导他人的能力，关键在于导师与被指导者之间的契合程度。

导师制度有很多优势。第一，初级员工将会受益，因为当他们遇到问题或需要指导时，导师可以给予支持和指导。第二，团队领导者的时间将会得到释放。正式的导师制度意味着你不需要亲自承担所有的指导工作。

第三，导师的实践经验将帮助被指导者发展人际交往、社交和情绪管理等技能，这些将在他们的职业生涯中发挥作用。另外，导师制度有助于识别那些特别有才能的人，帮助团队领导者培养继任者，或者是在团队规模变得大到无法对其进行有效管理时，帮助选拔出新的细分团队的领导者。当然，要发挥以上优势，导师制度需要在实际执行中遵循两个重要原则：每个人都必须成为别人的导师，每个人必须拥有指定的导师。

I2i 公关公司的总裁弗朗辛·波波利·埃德尔曼（Francine Popoli Edelman）告诉我们：

> 我之前的导师是一个聪明、热心的人，他有着极高的专业素养和无可挑剔的正直品质。虽然他能够公平且慷慨地对待每一个人，但遗憾的是，他未能培养出员工对他的忠诚。可能是因为缺乏沟通，所以缺少情感上的联系。因此，当他手下的员工得到更好或不同的工作机会时，他们会毫不犹豫地离开公司。我认识到了这一点，所以我现在每天至少花二十分钟或更多时间与员工交谈，不仅仅谈论业务问题，还包括他们的个人情况，例如他们的近况、子女的情况以及周末计划等。他们了解我，了解我的家人，甚至了解我的宠物狗。但更重要的是，我了解他们，了解他们的兴趣、目标、抱负和希望。
>
> 成果也不言自明：我们团队保持了行业内较低的员工离职率。在我看来，我们创造了一个更稳定、有凝聚力、注重合作的团队氛围。

埃德尔曼女士的故事中蕴含了这样一个道理：**指导不仅仅是团队领导者的工作。通过适当的榜样示范，团队领导者可以提高整个团队的指导水平。**

招聘

对专业服务机构来说，人才是其唯一的资产。因此，团队领导者应该积极参与新员工的招聘过程（无论资深岗位还是初级岗位），这并不意味着他们要独自完成这项任务，但他们在招聘过程中，确实扮演着至关重要的角色。

请记住最经典的一条招聘法则：根据态度来招聘，根据技能来培训。技能可以通过培训逐渐获得，而态度和性格则很难改变。招聘员工时，我们需要知道哪种人才适合公司的文化，并且选择拥有这些素质的应聘者。我们寻找的应该是那些充满热情、活力、乐于分享并且与公司文化相匹配的人。尽量招募那些天生就具备这些特质的人。

招聘新人时最好让整个团队都参与进来，包括初级员工和资深员工。因为他们是与新人工作关系最密切的人，所以他们的判断非常关键。不要仅仅为了填补岗位空缺而招聘，要时刻记住，你接下来会与这个人建立长年累月的关系。此时，可以问自己一个问题："我真的愿意天天和这个人在同一个屋檐下共事吗？"

招聘专业人才时，一个普遍存在的问题是过于关注学历、成绩和专业技术成就。然而，就像我们反复强调的那样，职业生涯并不是一个单纯的技术问题。无论面对的是客户、同事、上司还是下属，人们职业生涯中的成功更多取决于人际交往能力。

那么，在招聘过程中如何识别应聘者的态度和个性特征？面试是个不错的途径，特别是面试可以帮助我们了解应聘者在生活中做了哪些工作之外的事情。过去有这样一句名言：在年轻时组织童子军帮助老人过马路的经历，会比成绩单上的加分更容易使你被哈佛商学院录取。这句话或许不完全准确，但它反映了一个重要的真理，即那些在个人生活中已经展

现主动性、动力和组织能力的人，极有可能在工作中也会展现出相同的
特质。

从同样的角度来看，我们应该关注个人曾经从事的工作。这个人之
前是否有直接接触客户或顾客的经历？他是否曾经从事需要与公众打交道
的工作？具体的细节并不重要，但是这些工作在培养人际交往技能、社交
技巧和情绪管理能力方面提供了非常宝贵的实践机会。我们观察到，在零
售、销售或者类似领域的经验（无论多么短暂，无论多久之前），对专业人
士的职业发展是非常有价值的。

有时候，仅凭常规面试问题是不足以全面了解候选人的态度和个性
的。有两家公司在面试过程中非常有创意。第一家公司是一家律师事务
所，在最后一轮面试中要求所有候选人说出他们在法学院最喜欢的课程。
在给候选人半个小时的思考时间后，他们要求候选人向一位秘书介绍该课
程的内容。而这位秘书对是否录用此人有最终决定权。这家公司认为，仅
仅具备专业知识是不够的，在被录用之前，候选人必须展示自己能够用
通俗易懂的方式，向一个有智慧的非专业人士解释清楚一些复杂的法律
概念。

第二家公司是一家会计师事务所，在最后一轮面试中，招聘人员把
所有候选人聚集在一起，让他们待在一个有双面镜的房间里。候选人被要
求进行一项集体活动（相当于用纸牌搭建房屋），并被告知他们的行为会
被观察。观察过程非常有趣。许多候选人认为他们应该展示领导能力，于
是竞相试图"掌控"自己的小组。然而，这家会计师事务所实际上在寻找
那些更重视合作和团队精神的人，而不是那些追求个人表现或争夺权力
的人。这家事务所最终只向那些不试图主导集体活动的候选人提供工作
机会。

公司的招聘目标是试图了解每个应聘者的个性，与此相对应的，应聘

者也想要了解真实的团队工作情况。**在面试过程中，以任何方式错误地描绘团队提供的工作环境、客户挑战、合作程度和团队合作的情况，都是不明智的。**如果有人仅仅因为相信虚假或夸大的"销售话术"而加入团队，那么他们会在上班的第一周就发现这种欺骗。招聘面试的目的是揭示双方真实的匹配程度，以便双方能够充满活力和热情地共同工作。因此，要诚实地对待对方，不要掩饰真实情况。

| 第二十章 |

接纳新成员

如何确保新成员的成功?

"如果无法让新成员融入公司文化，引发混乱的局面是必然的事。"美国瑞生国际律师事务所（Latham & Watkins）的退休合伙人罗伯特·M. 德尔这样说。将新成员引入一个已经建立并且运作良好的团队时，新成员的能力和个性可能会对团队原有的状态和工作方式造成干扰。每增加一位新成员，团队的沟通需求将呈指数级增长。即使只增加一位新成员，也意味着团队需要重新组合，重新建立联系，找到新的工作方式，最终重新调整团队动态和工作风格。

融入新团队需要时间和努力。如果没有这方面的投入，新成员可能会（事实上，经常会）在团队中表现不佳，孤立无援，引发冲突，甚至更糟糕。尽管有些公司时至今日仍然选择用"适者生存"的方式来培养和筛选新人，但是大多数公司无法承受这种新成员迎来送往所带来的内外部负面影响，更别提它所带来的成本了。

每个团队都是特别的，拥有自己独特的文化、制度、战略和工作方式。人们会为自己团队的独特性感到自豪，并且愿意在与新成员交流时介绍团队的优势与特色。随着优秀人才越来越难以找到（并且越来越难以留住），引导并帮助新成员融入团队（如何欢迎这些有价值的新成员加入）的内部流程变得至关重要。

毕竟，你雇用的不是一双机械的手，而是一个有血有肉的人。在大多数情况下，你是在接纳一位新同事或者一位你认为有可能成为同事的人，希望他能够真正融入这个大家庭。只要稍加思考和关注，你就可以采取一些措施，为新成员提供一些支持和指导，确保他们不会看了几眼幕布后面的情形后，就头也不回地又去市场上寻找其他工作机会了。

法律领域的猎头顾问公司 Major, Lindsey & Africa 对全美范围内 253 家律师事务所的 1200 名横向雇用而来的律师进行了调研。该公司首先将这些横向调动的律师（资深的新雇员）对新律所的工作感到满意的因素进行了归纳整理，并要求他们对新律所帮助他们融入新环境的表现进行打分。其结果令人担忧，在评选出的前 6 家"新员工感觉融入得最好的律所"中，只有两家得到了 4 分（满分为 5 分）的较高评分，另外四家律所仅得到了 3 分。人们不禁想知道，其余律所到底做了什么（或者坦率地说，是没做什么），才导致了如此糟糕的评分。

当然，有些公司在接纳新人方面做得非常出色。正如罗盛咨询（Russell Reynolds Associates）华盛顿特区办公室的董事总经理埃里克·沃图尔（Eric Vautour）所说：

> 我认为有一个系统的方法来帮助新成员融入是非常关键的。我每年都会邀请新成员和一些资深员工及其配偶，一起来到我在佛蒙特州的家中，共同度过一个愉快的周末。在这个活动中，我会确保宾客们在年龄、专业方向和个人背景等方面的多样性。大家可以在活动中尽情享受时光，同时也有机会更加深入地了解彼此。

这样的活动可以带来很多好处。新成员能够听到前辈们讲述的那些关于成功和失败的故事，并很快融入公司。我们以这样非正式的方式将企业文化和价值观传承下去。同时，这也有助于在员工之间建立真正的纽带，使得新成员在回到公司后愿意主动向资深员工寻求指导和帮助——这种情况在平常是比较少见的。我们受益于这种更深层次的合作，它让新成员快速融入团队。我无法想象不这么做会怎么样。

新成员融入计划

以下是接纳新成员的一些步骤。

1）管理第一印象

2）在他们提出要求之前提供支持

3）让新成员感到自己受重视

4）提供沉浸式体验

5）沟通，沟通，再沟通

1. 管理第一印象

第一印象很关键。设计一项迎新活动，在新成员到达时，为他们提供必要的信息。要记得向新成员介绍团队，也要向团队介绍新成员。

某个团队为新成员拍摄了入职照片，将照片展示在一张大的白板上，并在照片旁边写下新成员对两个问题的回答："我最满意的个人成就"以及"我最重要的决策"。然后在下一次团队会议期间把该白板挂到会议室的墙上。

某家公关公司坚持要求每个新成员在入职的第一个月内，轮流到其他不同的办公室进行交流。这样做的目的是让新成员与工作在同一领域的同事见面、了解彼此，促进成员之间的团队合作。

团队领导者可以准备一份简短的备忘录，在新成员加入当天分发给大家，用以欢迎新成员并分享一些相关细节（比如新成员来自哪里，将从事什么工作，他们的专业背景，新办公室的位置，行政助理的分配等）。这样做可以取得良好效果，每个团队成员都能了解充足的细节，很快进入角色，主动与新成员打招呼，表达欢迎。

2. 在他们提出要求之前提供支持

新成员需要明确了解他们所在团队的期望。他们需要向能够给予自己支持的人进行自我介绍，接受设备和系统方面的培训，并且熟悉办公环境及设施。为了确保新成员感到受欢迎并能够快速融入团队，需要指定一位同事投入足够的时间来接待和照顾他们。一般常由团队领导者负责组织这个过程。

某家咨询公司的执行董事指派了一位员工联络员，其任务是在新成员入职初期与他们进行一对一的交流。员工联络员会教新成员如何使用电话系统，帮助他们了解公司内部的各项资源，告诉他们如何使用计算机网络，向他们介绍将与之打交道的员工，甚至会讲解茶水间和公共厨房的使用规范，并回答那些新成员不好意思跨部门询问的看上去微不足道的问题。

3. 让新成员感到自己受重视

高质量的内部培训计划不仅能够提供人们所需的技能，还传递出一个明确的信息，即团队关心员工的职业发展，也愿意对其个人成长进行投资。如某位团队领导者所说："客户任务的质量以及团队成员的素质，往往是一个人选择留下还是离开的关键因素。"

这位团队领导者会在新成员到达办公室的第一个早上，安排一次特殊的会议。这次会议的目的是让整个团队与新成员共同制定策略，以确定他将参与处理哪些现有的客户事务，以及确定哪些公司客户可能会因新成员的加入而受益。在新成员融入团队并与现有客户建立起稳定的信任关系之前，他会暂时搁置让新成员推销公司业务的想法。

另一位团队领导人有个习惯，在新成员加入一个月后，她会和新成员进行一次两小时的面谈。在交流过程中，她会询问新成员对于团队可以改进的方面有没有任何建议。因为新成员通常在其他地方工作过，可能会带来新的想法和经验，促进团队的发展。

有时，新成员的经验可以立即应用，无须等待。如果他们有兴趣，可以让他们加入团队的联合市场营销项目或者内部培训工作。他们在不同环境中与不同客户打交道的经历，通常能为团队注入新的活力。

新成员越早取得成功经验，他们越能适应新的环境和角色，在公司中找到自己的位置，并增强团队对他们的信任。

4. 提供沉浸式体验

入职培训可以帮助新成员适应团队的个性与文化。这种良好的沟通有助于建立长远的职业生涯联系，并支持他们在事业上取得成功。我们需要多想想如何增强凝聚力，如何加强团队协作。

有些团队甚至会安排特别的活动来欢迎新成员的配偶。正如一位新成员在交流时所说的：

> 忠诚是一件有趣的事情。工资单上给予我的薪资，并不能构成我忠诚的全部。但如果你愿意真正关心我的家人，那么忠诚是可以被培养的。所以，如果你真的想要使我忠诚于团队，请帮助我的"另一半"感受到她也是这个团队大家庭的一部分。

你是否会让团队成员的配偶参与到公司或团队的活动中，是否愿意帮助他们融入重要的社交网络，是否愿意寻找一种方式推动他们个人事业的发展？记住，我的配偶是否支持我夜以继日地扑在工作上，取决于她对公司和团队的看法。最终她的看法也会影响我作为团队一员的感受。

谁来为新成员组织欢迎午餐和晚宴呢？别等别人提醒才想起这件事。应该有人（最好是团队领导者）主动承担责任，定期为新成员安排社交活动，以使其有机会与现有团队成员建立个人和职业方面的联系。

5. 沟通，沟通，再沟通

那些能够认真对待内部沟通的团队，往往在员工保留率方面做得更好。有一个团队每年对员工（包括初级员工和行政人员）进行内部调查，让他们发表意见，提出建设性的想法，或表达他们的担忧，调查结果会与所有人分享。

团队领导者将推进这一双向反馈的过程，以评估成绩、表扬进步，并为补救措施获取建设性的建议。他报告说，这项年度评估的真正价值，在于它能够让团队监测自己的进展。调查可用于促进建设性变革。

你的团队是否足够幸运——拥有一位充满热情、能够感染他人的团队领导者？一位来自美国中西部地区的团队领导者，每周一早上都会通过语音邮件向整个团队发送"早上好"的信息，介绍新成员，宣布特殊成就，并讨论客户和工作进展的最新消息。新成员收到的电子邮件和内部材料附有许多团队文化小贴士（这对其他成员来说也是很好的"复习"材料）。

管理好你的投资

如果你相信一个团队的成功取决于团队成员的才华和技能，那么让员工愿意留下来本身就是一个出色的商业策略。招聘顶尖人才、帮助他们获得成功、投入时间让他们成为团队不可或缺的一部分，都是有意义的行动。很多时候，一个新成员没有成功融入团队，是因为团队没有给予他足够的支持。

新成员值得你的支持。帮助他们尽快融入团队并发挥作用，对每个人而言只有好处，没有坏处。你应该帮助他们了解如何为团队的成功做出贡献，并确保团队的每个成员都为新成员的个人事业成功提供支持。既然已经为招聘新成员投入了努力和资源，那么为了获得长期成功，你应该用心管理新成员这一最重要的战略资产。

| 第二十一章 |

控制团队规模

如何有效解决团队规模问题？

团队的规模并非越大越好，尤其是当我们评估一个团队的效能时，这一点尤为明显。原本一个小而合作紧密的团队，当成员的规模超出它所能容纳的限度后，团队的失败也就难以避免了。有些领导者倾向于在公司内部建立大规模的团队，他们误以为只要拥有一个庞大且预算雄厚的团队，他们在公司里的角色就会变得更加重要。

此外，有些公司通过让每位员工加入多个不同的团队来表明对团队架构的重视。然而，这样做的结果是团队的规模扩大了，但效能却下降了。团队成员除了在团队宣传册上看到自己的名字外，无法真正感受到归属感或做出个人承诺。而且，他们发现自己在参加多个团队会议上浪费了太多的时间。

尽管有些人认为组建一个大规模团队可以为公司的增长和业务拓展汇集更多的想法和创意，但很快他们就会发现并非每个人都能做出实质性贡献。随着团队规模扩大，个人的发言机会和影响力可能愈加受限，导致个人的有效参与变得更加困难。

随着团队成员数量的增加，每位成员对团队的参与度、信任感和问责意识可能会下降。**团队中的成员越多，每位成员对于完成项目的责任感会越弱，对于团队的成功或失败的关心也会越少**。这是因为他们意识到，即使自己没有拼尽全力，其他团队成员也能够承担他们未完成的工作。只有当人们感到自己在团队中扮演了不可或缺的角色，并且他们的进展可以被同伴看到时，团队成员才会更加关心其他成员对他们的看法。

团队越大，团队的会议讨论和决策过程就越有可能被少数领导者主导。这导致其他团队成员可能选择处于被动状态，因为害怕批评而倾向于保持沉默，不愿意冒险去表达自己的反对观点或提供真诚的反馈，同时对彼此间能否相互依靠也没有多大的信心。在公司内部建立信任关系始终是一个重要的命题，然而团队规模扩大可能会给信任关系带来一些挑战，甚至伤害这些信任关系。

毫无疑问，小规模团队的效率是最高的。正如战略咨询公司 L.E.K. 的彼得·麦凯尔维（Peter McKelvey）所说：

> 我个人的经验法则是，如果我无法告诉你每位团队成员的配偶（或重要的另一半）的名字以及他们的职业，那么这个团队的规模已经超过了最佳状态。经验告诉我们，并不是所有人都适合领导大团队。

该怎么办？以下是几个你可以考虑的选择。

1）缩小团队规模

2）采用"机动成员"方法

3）创建细分小组

1. 缩小团队规模

当组建新团队时，坚持让团队规模控制在十二人以下。贝文·阿什福德律师事务所的尼克·贾勒特 – 克尔指出：

> 　　我们团队的正式员工从来不会超过 12 个人。幸运的是，有时我们的团队甚至少到只有三四个人。这样的小团队紧密而有凝聚力。这听起来并不是一个深奥的或颠覆性的想法，就像大多数管理实践一样，它并不复杂。但实际上能够做到这一点，做出承诺并构建一个理想规模的团队，是非常具有挑战性的。

因此，我们鼓励将现有的团队重新组织成更小的单位。虽然在某些团队中进行人员精减可能会面临一些困难，但从长期来看，这种做法对提升生产力具有重大意义。

2. 采用"机动成员"方法

核心团队应由专注于特定领域的全职员工组成。他们定期召开会议，就公司的业务方向和团队的业务拓展做出决策。同时，团队领导者也可以邀请其他人作为专家顾问参与特定的客户项目，或协助完成一些突发任务。

每个人应该选择加入一个核心团队。在做出选择后，他们也可以选择作为其他团队的机动成员，这或许是因为他们的兴趣，或许是因为他们在这些领域拥有不定期地为客户服务的经验。

作为机动成员，他们随时可以参加任一团队的会议并收到会议纪要。这些团队也欢迎他们参与头脑风暴会议并提出建议。机动成员不会被要求主动承担项目，除非某个具体的任务或项目可能涉及与他们相关的客户。

3. 创建细分小组

一种显而易见的策略，就是基于不同的客户需求，将较大的团队划分为不同的专业细分小组。例如，高科技产业团队可以分成计算机技术小组、电子商务小组和生物技术小组。这些小组不仅规模较小，而且有更多的共性，可以更好地发挥团队的协同效应。

团队总是试图通过扩大规模来提高效能。尽管常识告诉我们，团队的规模越小越好，但我们似乎总是忽视这一点——常识并不意味着常规做法。

我们还要继续下去吗

来自私募股权公司弗兰特纳可的杰里米·西尔弗曼曾这样说：

> 帮助团队成员确定他们是否已经完成了使命也是领导者职责的一部分。我们公司围绕着不同的投资机会，组建了不同的行业团队。考虑到市场波动的影响，我们大约每三年会对团队进行一次重新组合。在这个过程中，承认一个行业已经失去了投资吸引力有时是痛苦的，但是作为领导者，要让团队明白这一现实（并确保团队成员能迅速投入到其他领域中），这对公司的长期业绩表现至关重要。

| 第二十二章 |

评估团队绩效

如何评估团队的成果?

无论使用什么指标来衡量团队的绩效,你作为团队领导者,必须在团队成立时或被任命时与公司管理层达成共识。这些指标应当与薪酬水平以及公司的既定战略或目标保持一致。你需要向每个团队成员清晰明确地传达这些指标,包括它们对公司和个人的影响。如果你不知道如何衡量自己(和团队)的绩效,那就不应该担任团队领导者!

在评估(和讨论)团队的绩效时,我们推荐使用"平衡计分卡"这个方法来监督、报告以及讨论绩效。它结合了定量和非定量的评价标准或指标,可以帮助你从财务状况、质量水平、客户市场以及人才发展四个维度来评价绩效表现。一家大型会计师事务所(BKD,LLP)的区域首席执行官约翰·哈里斯(John Harris)曾提到:

尽管我们并没有设定具体的目标金额,但我们将从四个方面来评估团队领导者的绩效表现。

一是市场拓展。我们会以收入为衡量指标,以该团队过去的业绩及其他团队的情况为基准。

二是人才发展，包括招聘，培训和人员流失情况。我们在评估团队领导者这方面的表现时，不会局限于人员增长或流失的数据，而会面向所有员工进行 360 度全方位评估，以了解同事们（从资深员工到秘书）对团队人才管理方面的看法。

三是经济指标，比如业绩完成情况。这些指标是明确可量化的。

四是客户服务。我们经常通过正式的客户调研来获取具体的数据，了解团队在客户服务方面的表现。当然，失去一个重要客户也会直接影响团队领导者的绩效评估结果。

我们还有一个"关键客户战略"，要求公司管理层、区域主管和行业条线主管与客户进行面对面的沟通交流。这不仅仅是礼节性的拜访。每次我去参加这样的会议，都能获得一些关于新产品和新服务的灵感或创意。

与世间万物一样，你的团队也在不断变化和发展。定期进行自我评估可以帮助团队朝着正确的方向前进。

组织团队进行一次进度检查，诊断团队的优势和不足。作为团队领导者，这样的评估还能帮你更好地了解，团队哪些方面需要你重点指导、培训、反馈和支持。当你的团队难以按计划完成任务或因各种原因面临较大压力时，自我评估尤为重要。

组织团队自我评估

你可以专门召开一次会议，对团队目前的进展进行自我评估，帮助团队回顾一段时间内的努力和成果，或是基于评估结果制订相应的改进计划。会议前，你可以提出一些问题供团队成员思考，它们可以帮助你引导与会者客观地讨论任何敏感的团队问题。

以下是你应该遵循的几个步骤。

1）明确会议旨在促进团队合作，而不是追究责任。

2）识别团队表现突出的领域，并对取得的成就给予肯定。

3）询问团队可以改进的方面及其原因。

4）征求对于薄弱环节的改进建议。

5）制订行动计划来解决最紧迫的问题。

（1）明确会议旨在促进团队合作，而不是追究责任

关于激励行为的最新研究至少验证了以下两个重要事实：一是业绩会趋于上升到预期水平，二是表彰与认可能够促成更好的结果。

（2）识别团队表现突出的领域，并对取得的成就给予肯定

在日复一日的工作中，团队可能会被各种客户优先事项压得喘不过气来，而忽略了自己实际取得的进展。帮助团队缓解压力的一个途径就是想办法识别工作中取得的积极成果。

此外，还可以让每位同事介绍过去几个月里团队（或者某个特定的团队成员）出色完成的一件事。当团队工作行至一个特定的里程碑时，或是士气开始下滑时，又或是你想要强调团队已经取得的进步时，这都是一项值得开展的活动。

如果没有人愿意先发言，那么就从自己开始。要求每位同事发言时尽量具体一些。在表彰团队做出的努力时，既要认可显著的贡献，也要认可间接的贡献，这样就不会有人感到被忽视了。所有人发言完毕后，你应该向大家表示感谢并继续进行下一个环节。这项活动一开始可能会让与会者觉得尴尬，但几次之后，大多数团队都会从中得到启发。

（3）询问团队可以改进的方面及其原因

询问团队成员，团队目前最需要改进的地方以及原因。你可能会发现，这样的讨论将揭示出大家观念上的显著差异，正因如此，这些反馈意见有助于你确定优先事项。

（4）征求对于薄弱环节的改进建议

通过询问如何改进团队的不足，你将使团队回到行动模式。不要急于下结论。比较好的做法是，鼓励大家提出备选方案，并围绕最佳方案达成共识。

（5）制订行动计划来解决最紧迫的问题

与团队一起，将已经形成的想法进行分类：

1）团队目前应该立即开展的工作

2）团队可以最后完成的工作

3）可能需要由团队领导者处理的工作

问卷调查

在评估团队的绩效时，你还需要了解团队成员对团队运作的整体感受。我们建议你考虑分发两份调查问卷（并公开结果）——第一份旨在了解团队的现状，第二份要求团队成员评价你作为团队领导者的表现。以下是两份问卷的示例。

团队成员问卷

询问团队成员是否同意下列陈述。

1）团队成员都致力于实现团队的目标。

2）团队成员在提出新想法时会得到很多鼓励。

3）团队成员会自由地表达自己真实的观点。

4）每个成员对于团队的目标有清晰的理解。

5）每个成员都参与了团队的重要决策。

6）团队成员间会倾诉彼此的感受。

7）所有团队成员都互相尊重。

8）团队成员间的良好氛围使团队变得更有凝聚力。

9）每个成员的意见都会被倾听。

10）团队成员之间几乎没有争吵。

11）团队成员拥有丰富的专业知识、独特的个性和积极向上的动力。

12）团队工作充满挑战和乐趣。

13）团队成员清楚并且赞同大家接下来要做的事情。

14）团队成员对团队在实现目标方面的进展感到满意。

请列出团队在过去三个月（一个季度）中取得的三项令你自豪的主要成就。

请列出三件本应完成但尚未完成的事项。

评估团队领导者

有句古老的军事格言：一名真正的将军说的不是"给我冲"，而是"跟我来！"。因此，**如果你希望传递一个信息：团队应该自我评估并对自身表现负责，那么你应该带头这样做。**

我们建议你每年邀请全体团队成员，对你作为团队领导者的表现进行一次评估，评估时使用的问题清单可以参考下文。问卷结果应由第三方进行统计，并将各评估维度的平均分向团队成员公开。然后，你们可以开诚布公地讨论团队成员认为你在哪些方面做得很好，在哪些方面还有改进的余地。

这个环节充满挑战但很有效。整个过程结束后，你就有立场提出要求了："好了，大家刚刚已经讨论了我的表现，接下来轮到你们了！"以下是我们建议你列入对团队领导者进行评估的问卷的问题。

团队领导者是否：

1）鼓励团队成员为实现绩效目标而努力。

2）关注团队的长期发展，而不只是追求短期表现。

3）能够给予建设性反馈，帮助团队成员提升表现。

4）能为业务发展提供创新思路。

5）帮助团队成员成长和发展。

6）鼓励团队成员积极参与团队会议。

7）让团队成员感觉自己是高效运作的团队中的一员。

8）强调团队之间的合作而非竞争。

9）及时给予低绩效和表现不佳的团队成员以反馈。

10）帮助团队成员理解自己的工作任务如何与公司的整体目标相匹配。

11）会及时提供必要的信息，使团队成员正确理解工作目标。

12）鼓励团队成员主动提出新的想法，为改进业务建言献策。

13）鼓励团队成员积极发起自认为重要的任务或项目。

14）善于减少团队内部的办公室政治。

15）对团队成员的鼓励多于批评。

16）愿意倾听大家的意见和问题。

17）公正无私地对待所有人。

18）在做决策前听取团队成员的意见。

19）像教练一样行事，不摆老板的姿态。

20）毫无保留地公开赞许团队成员做出的贡献。

21）善于沟通，能有效传递信息。

我们相信，如果你在这些问题上做得不错，你和团队将能紧密合作并取得出色的成绩。

客户满意度

长期以来，我们一直致力于建立客户反馈机制，并以适当的方式公布结果，确保团队中的每个成员都能了解情况。只有这样，我们才能将客户满意度作为衡量团队成绩的重要参考指标。蒂姆·莫顿（Tim Morton）是EDS公司在美国和拉美地区的电子解决方案团队的负责人，他介绍了他们在这方面的做法：

> 我们拥有一个基于网络的"卓越服务仪表盘"，其中一项功能是，客户可以实时上传对我们服务的评价，无论是正面的还是负面的。公司董事长迪克·布朗（Dick Brown）每天都会查看仪表盘，即便外出时也会用笔记本电脑打开它，检查每个客户项目的进度。我们很多客户每周都会使用这个仪表盘！
>
> 所有这一切都让我们对客户的响应速度大大提高，也让我们更有责任感。这个仪表盘不仅能记录客户反馈，还能跟踪项目状态，相关人员也能访问，这使得我们能够更好地预测问题，并在其他团队遇到问题时及时提供帮助。

当一些团队仍在就是否对客户进行年度调查，以及谁应该看到结果进行辩论的时候，情况已经发生了变化。欢迎来到追求卓越、对待客户精益求精的世界！

非财务方法：评估业务质量

给团队带来更多业务永远都是好事，但成功的关键是给团队带来更好

的业务——利润更高的、更具挑战性和更能提升专业技能的业务。我们建议，每个季度，将团队聚在一起，回顾所获得的每一项新业务，并针对每项新业务讨论以下问题。

这项新业务是否：

1）让我们学会了新技能？

2）加深（而非仅维持）了现有的重要客户关系？

3）为我们带来了一个重要的新客户？

4）让我们在现有客户关系中与更重要的人合作？

5）让我们进入了一个激动人心的新行业或客户领域？

6）让我们收取了比过去更高的服务费用？

7）让我们比过去更能发挥影响力？

还有一种评价市场营销工作成效的方式是考察以下指标。

1）客户忠诚度比率：在没有任何额外营销的情况下，现有客户明年预计会贡献多少比率的收入？

2）赢标率：参与投标的项目中，成功的比率是多少？

3）项目规模：项目的平均规模（项目收费）是多少？

4）服务渗透率：客户向你们支付的服务费用，占其为该类服务支付的全部费用的比率是多少？

5）单一来源采购率：通过无须竞争的方式获得的业务在所有业务中的比率是多少？

6）新客户比率：来自新客户（从未合作过的客户）的收入占比是多少？

7）客户留存率：你目前的前十大客户中，有多少在三年前（或五年前）也是前十大客户？

8）新业务比率：收入中有多大份额来自过去三年（或五年）从未提供过的服务？

9）绩优人才率：有多少资深员工，其创收能力可以达到人均业绩的
　　至少三倍？

人才满意度

卡尔·克里斯托夫分享了他的看法：

> 我认为，衡量成功的标准有很多。当然，我们不能忽视我们
> 是一家企业的事实，因此盈利能力很重要，甚至在某些人看来这
> 是最重要的指标。
>
> 然而，我们还要根据员工满意度来衡量一家企业成功与否。
> 我的经验告诉我，那些对自己的工作感到满意和快乐的人，通常
> 都会表现得更好，并最终为公司创造更多的价值。

你还需要评估团队的人才发展情况，可以关注以下几点。

1）员工流失率（离职率。在许多企业，还会进一步细分为加入竞争
　　对手的比率、加入客户的比率和离开本行业的比率）

2）人员晋升情况

3）向其他团队输送人才的能力

4）从其他团队引进人才的能力

尽管很难创建人力资源方面的绩效衡量指标，但可以采用定期问卷调
查的方式，了解员工的工作动力、参与度以及他们对个人发展和成长的关
注程度。我们曾编写了一套较为全面的调查问卷，可用于员工评价他们的
工作经验。以下列示了问卷中的部分问题。

团队成员满意度调查问卷样本问题（询问你的团队成员是否同意以下陈述）

工作本身

我的工作很好地利用了我的知识和能力。

我觉得自己仍在学习和成长。

我对工作带来的个人成就感非常满意。

我对有机会从事有趣的工作感到非常满意。

我对工作带来的整体挑战感到非常满意。

团队合作

当我遇到困难的任务时，我通常能获得同事的帮助。

我很满意团队的合作方式。

我很满意团队内部的沟通水平。

我觉得我是高效协作的团队中的一员。

绩效评估

我很满意能有机会来讨论自己的表现。

我了解用于衡量自己工作绩效的指标、标准或评估方法。

我认为对我的绩效评估是公平的。

我认为绩效评估对于帮助自己提升工作表现非常有用。

我在整年中都能得到持续的反馈和指导。

培训发展

总体而言，团队的培训和发展计划非常符合我的需求。

团队在提供我需要的培训方面做得很好。

团队鼓励我学习新技能。

团队给我学习新技能的机会。

指导

我获得了良好的指导来帮助自己提升工作表现。

我能及时了解自己的工作表现，无论好坏。

我表现出色时，通常会得到认可和称赞。

我犯错或者未能按时完成工作时，能够获得建设性的反馈意见。

我因时间紧迫且优先级冲突而困扰时，能够获得同事的帮助。

我需要帮助或有问题时，同事们通常很愿意提供帮助并与我交流。

其他团队成员不吝于表扬和称赞。

团队成员始终表现出对彼此的信任和尊重。

团队文化

对于个人的专业需求，团队会积极响应。

团队的大部分成员会尽一切所能，为客户提供优质服务。

团队设定了较高的绩效标准。

团队成员的专业素质已经达到合理预期的水平。

在团队中，我可以自由地公开发表我的观点。

团队不会纵容表现不佳的人。

我对与同事和专业伙伴之间的友好关系感到满意。

团队没有过多的办公室政治。

我的同事和专业伙伴目前热情高涨，士气高昂。

评估财务业绩

不同企业有不同的绩效评估方法。例如，对合伙企业来说，计算每个合伙人的利润是有意义的，但对一家公司而言，这种方法显然就不适用了。对公司内部的专业人员来说，也不适合使用"利润"这个指标来衡量他们的工作表现，因为他们通常不会向其他部门或客户直接收取费用。

不过，衡量财务业绩一般都要使用以下几个指标。

（1）利润率

这是最广泛使用的衡量整体盈利能力的指标。

（2）每小时平均（隐含）费率

即使员工的服务不按小时计费，通过计算总收入除以总工时得到的每小时平均（隐含）费率，可以帮助你了解自己团队相对于竞争对手的价格定位。

（3）每人平均计费（或客户服务）小时数（可计费时间）

同样地，即使服务不按小时计费，了解每个人的平均创收工作量也很有用。

（4）杠杆率

杠杆率指初级员工完成的工作量和资深员工完成的工作量的比例。一般来说，杠杆率的增加是效率提高的表现（假设工作质量相同）。

（5）尚未开具账单的工作

（6）应收账款

（5）和（6）是衡量财务运营情况的两项指标，反映的分别是能否及时根据所做工作开具账单，以及客户是否及时支付这些账单。

（7）支付给公司其他团队的费用

（8）向公司其他团队收取的费用

（7）和（8）两项指标反映的是你的团队从其他团队引入或向其他团队输出支持工作的情况，可以据此衡量你的团队与其他团队相互间的协同和支持程度。

（9）营业额增长率

团队规模的扩大固然是一个好的信号，但要记住，团队的最终目标是绩效而非规模。只有当团队能够取得卓越的业绩、业务更具盈利性、员工才干得到充分发挥时，扩大规模才具有实际价值。缺乏业务质量的纯规模增长是不可持续的。

面对各种各样的财务指标，该如何决定要关注哪些指标？推荐一种方法。

我们从一个简单的公式开始：

$$利润 = 人均利润 \times 人数$$

这个公式中的"人"特指资深员工。因此，在合伙企业中，该公式中的"人"可能指的是合伙人，而在公司制企业里它可能指的是高级副总裁。

这个简单公式的意义在于它为我们指出了两种提升利润的途径。首先，你可以保持资深员工的人均利润不变，通过增加资深员工的人数来增加利润（实际上这是一种简单的增长策略）。

这种途径对公司整体来说是有价值的，因为总体利润会增加。然而，这种途径的问题在于它默认每位资深员工的利润贡献都是一样的，这样就无法给任何指定的资深员工（或他们团队的成员）额外奖励。换言之，利润增加了，但盈利能力并没有提升。

因此，让每位资深员工的利润得到提高是一种更具吸引力的策略。它为企业所有者提供了额外的利润，同时也为员工提供了额外的收益。

由下面的公式可以看出，人均利润是**利润率、每小时平均费率、人员利用率、杠杆率**这四大关键指标的乘积：

$$人均利润 = 利润总额 / 资深员工人数$$
$$= 利润率 \times 每小时平均费率 \times 人员利用率 \times 杠杆率$$
$$= (利润总额 / 服务收费) \times (服务收费 / 计费小时数) \times$$
$$(计费小时数 / 员工数) \times (员工数 / 资深员工数)$$

其中两个指标（利润率和人员利用率）被视为公司产生盈利的"基础指标"，而另外两个指标（每小时平均费率和杠杆率）可以称为"驱动指标"，反映的是盈利的质量情况。为了更好地理解这些指标之间的区别，我们可以通过提高人员利用率或提高每小时平均费率这两种方式来分析如何提升人均利润。一个团队可以通过延长人均工作时间来提高盈利能力；也可以保持人均工作时间与上一年相同，但通过将客户服务、专业化技术、创新服务予以整合，或引入更高费率的服务模式，来提高每小时平均费率水平，从而提高盈利能力。

这两种方式都有可能提升人均利润，但成效是不同的。**提高人员利用率（或工作时间）意味着通过更努力地工作赚更多钱。这是一个有效的举措，但不可持续，类似古代的车马运输，它只能通过增加更重的负荷来实现更多的利润。**

而提高每小时平均费率的方式并不依赖于简单地增加工作时间，而是通过为工作的每一小时赋予更高的商业价值，以实现更加深远而持久的业务增长。这也意味着员工使自己在市场上变得更有价值。

同样的道理也适用于利润率和杠杆率之间的区别。提高利润率主要是控制管理费用，这是重要但十分基础的方式。团队如果能够找到一种可以减少资深员工的工作时间，增加初级员工的工作时间的工作模式，就相当于建立了一项有价值的资产。这就意味着团队已经找到了一种利用成本较低的人员来完成工作的方式。要想成功地发挥杠杆作用，团队需要探索新的服务交付方式，为初级员工提供必要的培训，使他们能够处理以前无法应对的事务，并建立起新的工作模式和流程。

为了更好地了解如何使用上述四个指标进行分析，请参考以下案例表格。表 22-1 展示了由六个（虚构的）团队组成的公司的财务状况。可以看出，所有团队的人均利润都有所提升，但提升方式各不相同。如果将每个团队的四个指标的结果都表达为相对于公司整体平均水平的百分比，就更容易看出差异背后的业务逻辑，见表 22-2。

表 22-1　某公司六个团队的基本财务数据

| | 上年度 | | | | | 本年度 | | | | |
	利润率	每小时平均费率（美元）	人员利用率（小时）	杠杆率	人均利润（千美元）	利润率	每小时平均费率（美元）	人员利用率（小时）	杠杆率	人均利润（千美元）
团队 1	0.318	190.8	1425	4.3	371.8	0.299	186.6	1503	4.6	385.7
团队 2	0.390	115.2	1710	4.6	353.4	0.387	117.1	1720	4.9	381.9
团队 3	0.413	127.2	1500	4.5	354.6	0.414	128.1	1612	4.2	359.1
团队 4	0.398	91.2	1725	4.7	294.3	0.425	103.7	1472	4.8	311.4
团队 5	0.356	121.2	1335	4.8	276.5	0.368	117.1	1612	4.4	305.6
团队 6	0.375	112.8	1740	3.2	235.5	0.341	115.3	1658	3.9	254.2
公司平均值	0.377	122.7	1560	4.5	314.3	0.379	124.3	1599	4.5	334.5

表 22-2　各团队指标结果相较于公司平均水平的比率情况

| | 上年度 | | | | | 本年度 | | | | |
	利润率（%）	每小时平均费率（%）	人员利用率（%）	杠杆率（%）	人均利润（%）	利润率（%）	每小时平均费率（%）	人员利用率（%）	杠杆率（%）	人均利润（%）
团队 1	84	155	91	96	118	79	150	94	102	115
团队 2	104	94	110	103	112	102	94	108	108	114
团队 3	110	104	96	101	113	109	103	101	93	107
团队 4	106	74	111	105	94	112	83	92	106	93
团队 5	95	99	86	107	88	97	94	101	97	91
团队 6	100	92	112	71	75	90	93	104	86	76
公司平均水平	100	100	100	100	100	100	100	100	100	100

很明显，团队1的人均利润是该公司最高的。然而，这一成绩主要归功于该团队所在的是高费率水平的市场，该团队的其他绩效指标表现平平。应该奖励该团队的出色管理结果吗？还是说它仅仅是因为运气好或是市场定位优越？

团队2整体上表现不错，这主要是在人员利用率和利润率方面取得了比较好的成绩。然而，尽管该团队的杠杆率较上年度略有上升，但在"驱动比率"指标（每小时平均费率或杠杆率）方面仍有较大的改进空间。

还有更进一步的分析方式，是通过计算基础指标比率（即利润率乘以人员利用率）和驱动指标比率（即每小时平均费率乘以杠杆率）来总结和呈现这些信息。表22-3展示了计算结果。

表22-3 各团队的基础指标比率和驱动指标比率

上年度				本年度		
基础指标比率（%）	驱动指标比率（%）	人均利润比率（%）		基础指标比率（%）	驱动指标比率（%）	人均利润比率（%）
77	149	118	团队1	74	153	115
113	96	112	团队2	110	102	114
105	104	113	团队3	110	96	107
117	78	94	团队4	103	92	91
81	106	88	团队5	98	92	91
111	66	75	团队6	93	80	76

现在，我们更容易看清楚每个团队的情况。团队1通过进一步推动其驱动指标比率提高了盈利能力，但与公司的其他部门相比，它的基础指标比率情况在恶化。尽管这个团队可能是最赚钱的，但仍有明确的改进空间。团队2在改善驱动指标表现方面做得很出色，值得表扬。对于团队3，尽管它的人均利润增加了，但相对于其他团队，其整体表现有所下滑，尤其是驱动指标表现有明显下滑。

　　团队 4 在提高盈利质量方面表现不错，但失去了基础指标方面的优势地位，它仍须努力。团队 5 则恰恰相反（而且更糟），它解决了利润增长的问题，但却以牺牲业务质量为代价。尽管它也提高了资深员工的人均利润（从 276.5 千美元提升到 305.6 千美元），但仍存在问题。团队 6，进展非常缓慢。

总结

　　我们必须再次强调，这个分析并未预设团队的类型。无论是利润中心、按小时计费，还是私人执业或企业后台部门，我们相信，衡量客户、人员和财务成果的概念是普遍适用的，所有团队都应当明确区分基础指标和驱动指标这两个概念。我们希望在这里提出的建议能够抛砖引玉，启发你对于不同评估指标的进一步思考。

| 第二十三章 |

团队领导者的价值

为什么要做这些事？

我们在本书中描述了一个充满挑战性的角色——团队领导者。团队领导者既是"球员"，也是"教练"。作为"球员"，他们受过良好的训练，致力于为客户提供服务或创造效益，他们在各自的专业领域中表现卓越，深得客户信任，也收获了满足感。然而，他们现在需要抽出一部分原本用于客户服务或其他创收活动的时间，来处理团队成员可能会出现的情绪问题，并承担起唤醒他人潜力的责任，以及应对意想不到的冲突和危机的义务。而处理所有这些问题所需的技能，从来都没有人为团队领导者培训过。

当我们与专业人士讨论团队领导力时，他们最常见的反应是："从来没有人教过我们这些东西！在我们接受教育或者在公司成长的过程中，也没有锻炼这些技能的机会！在这样的环境中，我们怎么找到优秀的管理者呢？"

我们不会低估这个挑战。职业生涯的悲剧之一就是，我们在学生时代接受的教育强调对逻辑、理性和分析能力的关注，这种思维导向在我们的学徒生涯中还持续了很多年，那时我们通常处于项目团队中的初级职位，负责分析类工作。公司前辈们总是这样提醒我们："埋头做事，精益求精，迅速执行，不出差错。"

一路走来，很少有人强调社交、人际关系和情绪技巧在职业生涯中的决定性影响。突然有一天，我们惊恐地发现，世界上到处都是人：客户、同事、下属和上司。与他们合作需要特定的态度和技能，然而从未有人教给我们这些技能。事实上，很多人在职业生涯后期才意识到这些技能的重要性，这应该是更加努力地去学习并掌握它们的原因，而不是放弃一切努力的借口。

还有一种专业人士给出的反应是："为什么我要担任这个角色呢？这是否意味着我必须放弃一些客户工作或者专业层面的工作，而去从事专业领域之外的事情？这样做是不是将自己的职业生涯置于风险之中呢？"

首先要明确的一点是，作为团队领导者，尽管你可能要同时扮演球员和教练的角色，但你并不是全职教练。成为团队领导者并不意味着必须完全放弃自己的专业领域。能否保持自己的专业水平，更多取决于工作质量，而不是数量。

好消息不止于此。让我们回想一下我们之前讨论过的技能范围：倾听、共情、理解和影响他人，以及与他人合作共同完成任务。所有这些技能对服务客户的专业人士来说都很有用。我们在本书的第一部分就提出了一个问题：一位值得信赖的顾问所具备的品质，是否与一位值得信赖的团队领导者所应具备的品质相似？现在，请你换个角度来思考这个问题：学习如何赢得同事的信任，学习如何成为他人愿意追随的人，这是否能够让你对客户更有价值，在市场上更具竞争力？我们坚信答案是肯定的！

此外，这样做还可以带来经济利益。在《言行一致》一书中，大卫提供了有力的证据，阐述了为获得更高利润所需遵循的先后顺序。首先，大卫指出，必须激励员工，让他们充满能量和激情。如果能够做到这一点，员工必然能够为市场带来高质量的产品和高水准的服务。如果能够实现这一点，员工进而就能够为公司创造更高的利润。那么，开启这个过程的关键是什么？经验证明：关键在于委任那些善于激发员工潜力的团队领导者。

需要认识到，渴望担任团队领导者这一挑战性角色的原因，并非完全为了个人利益。即使存在直接的个人利益，当你知道自己改变了团队成员的生活，帮助他们取得了超出想象的成就，帮助他们更深刻、更准确地认识自己，并帮助他们找到了一条能够发挥自己特长的职业道路时，你也会因此而感到欣慰和满足。**这让团队领导者在安然入睡前能对自己说："今天，我为别人的生活带来了一些积极的新变化。"尽管这并非每天都能出现的，但当它发生时，它能带来深层次的满足感。**

罗伯特·杜波夫曾这样说道：

> 我意识到，在我职业生涯开始时，我是多么幸运。我的第一任老板总是和我争论（我也这样对他），但这是因为他足够重视一个年轻人的发展，所以争论是为了教育我，使我能够从中获得经验。他不是仅仅下达指令，而是还会和我的家人见面并和他们交谈。这种关心、关怀团队成员的态度，是我一直以来努力传递的东西。当我有机会时，我也会选择有同样态度的人来担任团队领导者。

回想一下你的职业生涯，是否曾经有一位伟大的导师、领导或经理，对你的职业（和生活）产生了影响？大多数成功人士都有这样的经历。有那么一个人给了我们机会，给了我们重要的责任，让我们超越自我，而他却在一旁观察，确保我们不会跌倒。也许你有机会对那个人表示感谢，也许你没有，但担任团队领导者的角色会给你一个将这份收获传递下去的机会。

在本书中，我们给出了大量的建议。当然，你不可能一次性全部付诸行动。为了帮助你实施计划，我们在这里简要总结了本书的内容清单，并进行了分类：

1）诊断测试

2）定义团队及其规则

3）关于你自己

4）影响团队成员个人

5）团队管理流程

6）每周要做的事情

1. 诊断测试

如果你已经开始带领团队，那么第一步要做的就是了解团队的现状。本书提供了几份清单，可以用以评估团队目前的运作情况，并用于了解你最关心的问题。相关的清单包括：

1）评估团队运作是否有效的测试（前言）

2）表明团队缺乏信任的信号（第13章）

3）人际冲突的形式（第17章）

4）表明会议结构和程序存在问题的警示信号（第15章）

5）旨在了解团队现状的团队成员问卷（第22章）

6）评估团队的业务质量（第22章）

7）评价市场营销工作成效（第22章）

8）团队成员满意度调查问卷样本（第22章）

9）衡量财务业绩的指标（第22章）

2. 定义团队及其规则

就像我们在本书开头提到的，当你开始组建一个团队或团体时，有一些关键的任务需要完成，以明确团队运作的规则，以及就想要成为怎样的团队达成一致。以下是与此任务相关的所有清单。

1）就团队领导者如何利用时间达成共识（第 1 章）

2）与公司管理层就团队领导者的权利和责任达成一致（第 2 章）

3）建立团队合作的基本行为规则（第 12 章）

4）建立共同的不可妥协的标准（第 12 章）

5）决定团队不能容忍的行为（第 12 章）

6）决定团队成员对彼此的要求（第 12 章）

7）确定团队的目标（第 11 章）

8）确定团队合作中所期望的收益（第 12 章）

9）测试你们团队是否准备好成为一个团队（第 12 章）

10）需要让每个团队成员回答的问题（第 12 章）

11）建立信任行为协议（第 13 章）

12）选择一个激动人心的挑战（第 14 章）

13）明确召开会议的理由（第 15 章）

14）有效会议需要遵循的规则（第 15 章）

3. 关于你自己

正如我们在文中指出的，团队成功最重要的预测因素是你作为团队领导者的表现。以下是本文中与这个话题有关的清单。

1）如何塑造自己的影响力（第 1 章）

2）评估自己当前的行为（第 3 章）

3）将自己与值得信赖的顾问的特质进行比较（第 3 章）

4）遵循和伴侣之间建立情感联系的规则（第 3 章）

5）将自己的行为与优秀倾听者的行为做比较（第 6 章）

6）参考成功的团队文化中领导者的行为（第 3 章）

7）使用问卷让团队成员对你进行评价（第 22 章）

4. 影响团队成员个人

现在我们来看看关于你该如何与他人互动的清单和表格。

1）询问每个同事的期望和兴趣（第 3 章）

2）参照行动指南确定何时需要指导团队成员（第 5 章）

3）赢得指导权利的方法（第 5 章）

4）提供纠正性反馈（第 5 章）

5）确定指导目标（第 5 章）

6）正式工作指导通用的步骤（第 5 章）

7）确定绩效评估标准（第 5 章）

8）评估每个成员对团队的贡献（第 5 章）

9）确定需要评估和培养的技能列表（第 5 章）

10）使用技巧与糟糕的倾听者进行沟通（第 6 章）

11）考虑不同类型的承诺（第 7 章）

12）应用风格矩阵（第 7 章）

13）根据每种风格要点来确定如何与个体有效互动（第 7 章）

14）考虑各种常见的同事表现不佳的原因（第 8 章）

15）遵循帮助他人提升表现所需采取的步骤（第 8 章）

16）使用非财务的激励手段（第 16 章）

17）管理"大牌"员工（第 9 章）

18）争取成员对变革的支持（第 10 章）

5. 团队管理流程

现在我们来看看如何将团队作为一个整体进行管理的流程。

1）遵循让团队成员自愿做出承诺的流程（第 14 章）

2）管理团队成员为团队投入的时间（第 12 章）

3）增强团队凝聚力（第 13 章）

4）为工作环境带来乐趣（以及归属感和信任感）（第 13 章）

5）遵循行动计划会议的原则（第 15 章）

6）提前准备会议议题（第 15 章）

7）遵循头脑风暴会议的基本规则（第 15 章）

8）寻找赞赏他人的机会（第 16 章）

9）遵循表达赞赏的准则（第 16 章）

10）采用适当的形式来表达赞赏（第 16 章）

11）制订年度奖励计划（第 16 章）

12）了解矛盾冲突的四种基本形式（第 17 章）

13）按照步骤解决冲突（第 17 章）

14）运用危机管理原则（第 18 章）

15）应对客户流失危机（第 18 章）

16）应对被迫裁员（第 18 章）

17）应对重要团队成员的离世（第 18 章）

18）确定工作监督标准（第 19 章）

19）接纳新成员的步骤（第 20 章）

6. 每周要做的事情

一位朋友建议我们列出一个团队领导者每周都应该扪心自问的问题清单，分享如下：

1）有没有人违背团队标准？

2）有没有人正处于困境？

3）谁需要帮助，即使他们尚未遭遇挑战？

4）谁需要激励？

5）谁需要被认可或赞赏？

6）我有一段时间没有和谁共进午餐或者喝咖啡（或者没有给予其个人关注）了吗？

7）有人在做破坏团队的事情吗？

8）和我最疏远的人是谁？

9）初级员工是否得到了照顾？

10）团队成员之间是否存在任何冲突？

你可以通过两种方式使用这张清单。一种是通过它来回顾过去一周的工作，评估自己处理了多少这样的事情。另一种是利用它来规划未来一周的工作。或许你应该将这张清单制成卡片，塑封起来，放在目之所及之处。

通过承担起影响身边人工作表现的责任，**你将有机会成就不凡，留下传奇**。祝你好运！

延伸阅读

在数百本关于团队、领导力和专业人士的书中，以下几本是我们会推荐给任何团队领导者的。

R. Meredith Belbin, *Beyond the Team,* Butterworth-Heinemann, 2000.

Kenneth Blanchard and Spencer Johnson, *The One-Minute Manager,* William Morrow, 1982.

Jim Calhoun, *Dare to Dream,* Broadway Books, 1999.

Dale Carnegie, *How to Win Friends and Influence People,* Simon & Schuster, 1936.

James Flaherty, *Coaching: Evoking Excellence in Others,* Butterworth-Heinemann, 1999.

John W. Gardner, *On Leadership,* The Free Press, 1990.

Jon R. Katzenbach and Douglas K. Smith, *The Wisdom of Teams,* Harvard Business School Press, 1993.

George David Kieffer, *The Strategy of Meetings,* Simon & Schuster, 1988.

James M. Kouzes and Barry Z. Posner, *The Leadership Challenge,* Jossey-Bass, 1995.

Max Landsberg, *The Tao of Coaching,* Harper Collins, 1997.

Jean Lipman-Blumen and Harold J. Leavitt, *Hot Groups,* Oxford University Press, 1999.

参考资料

Marvin Bower, *The Will to Lead,* Harvard Business School Press, 1997.

Dale Carnegie, *How to Win Friends and Influence People,* Simon & Schuster, 1936.

Alfie Kohn, *Punished by Rewards,* Houghton Mifflin, 1999.

Jean Lebedum, *Managing Workplace Conflict,* Amer Media Inc., 1998.

Patrick J. McKenna and Gerald A. Riskin, *Herding Cats: A Handbook for Managing Partners and Practice Leaders,* Institute for Best Management Practices, 1995.

Patrick J. McKenna, Gerald A. Riskin, and Michael J. Anderson, *Beyond Knowing: 16 Cage-Rattling Questions to Jump Start Your Practice Team,* Institute for Best Management Practices, 2000.

David H. Maister, *Managing The Professional Service Firm,* Free Press, 1993.

David H. Maister, *True Professionalism,* Free Press, 1997.

David H. Maister, C. H. Green, and R. M. Galford, *The Trusted Advisor,* Free Press, 2000.

David H. Maister, *Practice What You Preach,* Free Press, 2001.

David Merrill, *Personal Style and Effective Performance,* St. Lucie Press, 1983.

Mihaly Csikszentmihalyi, *Beyond Boredom and Anxiety,* Jossey-Bass, 1975.

Rosamund Stone Zander and Benjamin Zander, *The Art of Possibility: Transforming Professional and Personal Life,* Harvard Business School Press, 2000.

致谢

一直以来，我们（以及帕特里克在前沿国际公司一起奋斗的同事们）共同开发了一个以教学录像和操作手册为基础，名为"实践教练"（PracticeCoach®）的专业服务管理培训项目。许多团队领导者都利用这个项目提供的知识进行自我管理和团队管理。这项工作为我们提供了大量的机会（特别是在"实践教练"的年会上），让我们能够与彼此以及我们的客户交流关于团队领导者面临的实际问题。

本书的第一稿（与你现在看到的内容相差甚远）是由帕特里克完成的，他在撰写过程中参考了大卫的著作以及两人与客户面对面交流时的想法。因此，帕特里克邀请大卫成为共同作者，他们合作对书稿进行了大量修订，调整了章节，增添了理论阐述，润色了文字表述。最终的成书是他们共同努力的结果。

帕特里克对专业服务公司领导力的研究始于 1993 年，他和前沿集团（现在的前沿国际公司）的其他合伙人对一些美国百强律师事务所的主管合伙人和业务领导者进行访谈。随后，他们启动了一个名为"最佳专业服务管理实践"的项目，收集了来自超过六个国家的 63 份法律、会计、咨询和其他领域的专业服务公司的反馈。1996 年，前沿集团对来自律师事务所和两家国际会计师协会的成员所中的主管合伙人和业务领导者进行了问卷调查。在过去 5 年多的时间里，帕特里克和他的合伙人与来自加拿大、美国、澳大利亚、南非、英国的超过 300 家律师事务所、会计师事务所、管理咨询公司和公关公司中的主管合伙人、执行委员会委员以及业务领导者会面，就专业服务公司领导力问题进行了面对面的访谈。

在写作本书的过程中，帕特里克得到了前沿国际公司同事的无私帮助。特别是杰拉尔德·A. 里斯金（Gerald A. Riskin）、米歇尔·J. 安德森（Micheal J. Anderson）以及埃德·韦泽曼（Ed Wesemann）。特别感激勇气满满的行政职员克里斯蒂娜·伯宰（Christine Birdseye），她经常帮助帕特里克应对具有挑战性的交付日期。

帕特里克感谢斯图尔特·罗切斯特（Stuart Rochester），《争取客户》（*Competing for Client*）一书的作者布鲁斯·W. 马库斯（Bruce W. Marcus），以及《法律实务管理》（*Law Practice Management*）杂志编辑梅林·阿斯廷·塔尔顿（Merrilyn Astin Tarlton），多年来他们一直给予帕特里克鼓励和支持。

对大卫而言，本书是他 20 年来与客户一起思考和解决基本问题的想法和经验的结晶，旨在回答"我们怎样把事情做成？我们要做些什么？"。通过不断写作和为客户提供咨询，大卫越来越确信，成功的关键是（并且一直是）每个团队的团队领导者的个人能力。不论大卫的研究工作是关于战略、市场营销、利润提升还是人才发展，他都发现自己始终要与身处"第一线"、负责执行公司层面制订的宏大计划的团队领导者合作。从某种意义上说，大卫可谓是在与成千上万的团队领导者共事（并与之共鸣）。

为了更好地向那些帮助过他的人致谢，大卫要感谢他合作过的每一位客户，以及在会议中提出过问题的每一位听众。事实上，他确实感谢他们所有人！特别是那些提出了他当时无法回答的问题的人。他希望，至少他们中的一些人能在本书中找到部分答案。

　　大卫必须一如既往地感谢凯西，他的妻子，她慷慨地支持着大卫，与他讨论想法，帮助他平衡"写作、旅行、演讲和做咨询"的生活方式中的众多需求。他很感激妻子允许他不退休。

　　大卫的经纪人朱莉·麦克唐纳·奥利里也是他第五本书的经纪人。她审阅过许多版书稿，不仅协助完善了书稿的可读性，也对书稿内容给出了重要建议。

　　我们必须怀有极大的感激，感谢文中出现的这些人，他们给了我们真知灼见，并允许我们引用他们的采访：罗伯特·M.德尔、罗布·杜波夫、弗朗辛·波波利·埃德尔曼、詹姆斯·埃默森、克利夫·法拉赫、约翰·范斯坦、丹尼尔·J.芬森、彼得·弗里兹、罗伯特·E.吉尔伯特、菲尔·戈特、本杰明·哈斯、约翰·哈里斯、迈克尔·霍奇斯、劳拉·霍姆斯、尼克·贾勒特-克尔、乔恩·卡岑巴赫、德博拉·P.克夫勒、卡尔·克里斯托夫、彼得·麦凯尔维、蒂姆·莫顿、杰克·纽曼、海伦·奥斯特洛夫斯基、约翰·舍内瓦尔德、吉姆·谢弗、杰里米·西尔弗曼以及埃里克·沃图尔。

　　我们还要特别感谢那些没在上文中提到，但慷慨地抽出时间审阅我们的初稿并给出反馈的人：黛安娜·本内特（Dianne Bennett）、西蒙·切斯特（Simon Chester）、罗宾·费拉科恩（Robin Ferracone）、约翰·海伍德-法默（John Heywood-Farmer）、米歇尔·冯赫夫（Micheal von Herff）、艾伦·科汀（Allan Koltin）、保罗·麦克马洪（Paul McMahon）、布鲁斯·马库斯（Bruce Marcus）、拉里·罗斯隆德（Larry Roslund）和艾丽西亚·惠特克（Alicia Whitaker）。